AF297343

SAINT-ANDRÉ-DE-MAJENCOULES

SA MONOGRAPHIE

par M. le Chanoine LAMOUREUX

Curé-Doyen de Saint-André-de-Majencoules
Membre du Conseil Héraldique de France
Correspondant de l'Académie du Gard
et du Comité de l'Art Chrétien du diocèse de Nîmes

NIMES

IMPRIMERIE DUCROS Cousins

Square de la Couronne, 1

—

1900

UN COIN DES CÉVENNES

SAINT-ANDRÉ-DE-MAJENCOULES

SA MONOGRAPHIE

par M. le Chanoine LAMOUREUX

Curé-Doyen de Saint-André-de-Majencoules
Membre du Conseil Héraldique de France
Correspondant de l'Académie du Gard
et du Comité de l'Art Chrétien du diocèse de Nîmes

NIMES
IMPRIMERIE DUCROS COUSINS
Square de la Couronne, 1
—
1900

UN COIN DES CÉVENNES

SAINT-ANDRE DE MAJENCOULES

SA MONOGRAPHIE

IMPRIMATUR

Nemausi die 25 Maii 1900.

G. DE VILLEPERDRIX

Prot. Apost., Vic. Gén.

ÉVÊCHÉ
DE
NIMES

Nimes, le 25 Mai 1900.

CHER MONSIEUR LE CHANOINE ET VÉNÉRÉ DOYEN,

J'ai lu avec satisfaction la notice que vous avez consacrée à l'histoire de Saint-André de Majencoules.

Je suis heureux de vous féliciter de ce petit travail qui, pour être moins étendu que votre belle étude sur les Saintes-Maries, n'en présente pas moins un véritable intérêt pour vos paroissiens.

Je souhaite bien sincèrement que le souvenir de tout ce que la religion a fait pour le bonheur de votre peuple excite dans votre population un sentiment d'inébranlable attachement à la Sainte Eglise, seule capable, encore de nos jours, d'assurer la prospérité des familles et de conjurer les maux qui menacent la société.

Veuillez agréer, Monsieur le Chanoine et vénéré Doyen, l'expression de mes sentiments respectueux et me croire

Bien cordialement à vous.

G. DE VILLEPERDRIX,
Vicaire Général,
Protonotaire Apostolique.

A M. l'abbé LAMOUREUX, chanoine de Jérusalem, curé-doyen de Saint-André-de-Majencoules.

A MES PAROISSIENS

C'est pour vous, chers habitants de la Terre Blanche, que j'ai écrit la *Monographie de Saint-André*. J'ai pensé qu'il vous serait agréable de connaître l'histoire de votre pays natal.

M'inspirant des documents authentiques que j'ai trouvé dans les archives, écoutant les voix de la tradition, j'ai essayé de faire revivre le passé. Vous le verrez, il n'est pas sans gloire pour vos ancêtres. Leur plus beau titre, c'est la fidélité à Dieu et au devoir.

Comme eux vous gardez les sentiments qui firent leur force et leur honneur. Je vous en félicite.

Si modeste que soit notre travail, j'ose espérer que vous l'accueillerez, comme l'enfant de la maison. Sa lecture entretiendra votre zèle. Si elle vous inspire de nouveaux élans vers Dieu, vers la vertu, j'en bénirai le Ciel.

C'est la seule récompense que j'ambitionne.

Saint-André de Majencoules, ce 24 Mai 1900.

J. M. L.

SAINT-ANDRÉ-DE-MAJENCOULES

SA MONOGRAPHIE

CHAPITRE PREMIER

Saint-André, sa position dans les Cévennes. — Nature de son sol,
sa culture, ses productions. — Sa fondation par les Bénédictins
d'Aniane. — Valleraugue. — L'Espérou. — Notre-Dame du
Bonheur. — Les noms de Saint-André à travers l'histoire, ses
prérogatives.

Saint-André de Majencoules est situé au centre des Cévennes, à 4 kilomètres de la gare de Pont-l'Hérault, à 10 kilomètres de Valleraugue, à 9 kilomètres du Vigan, non loin du pic de l'Aigoual.

Bâti en amphithéâtre, à une altitude de 350

mètres au-dessus du niveau de la mer, Saint-André se dresse dans un site pittoresque, sur le versant de deux montagnes élevées : Le Camp de Goulard et de Montefru.

Le ruisseau qui porte son nom descend de ces hauteurs, roule en grondant ses eaux sur les rochers, longe le col de Laval, traverse la localité et va se perdre dans l'Hérault.

Cette rivière sépare de Saint-André le hameau de Peyregrosse, assis de l'autre côté de sa rive, sous un ciel ensoleillé, dans un nid de châtaigniers, au flanc d'une riche colline connue sous le nom de Rocher Noir.

Les monts Camp de Goulard et Montefru forment avec les montagnes de la Lusette et de l'Espérou un des contreforts de l'Aigoual, le plus haut sommet des Cévennes, célèbre par son observatoire. (1)

Dominé par leurs cimes boisées, entouré d'ar-

____

(1) Cet observatoire doit sa création au général Perrier et à M. Fabre, inspecteur des Forêts.

bres et de verdure, avec son château seigneu-
rial, son magnifique pont moderne, la tour carrée
de son clocher surmontée de l'horloge commu-
nale, son église monumentale et ses maisons
gracieusement échelonnées, Saint-André se
présente comme un joyau dans un écrin.

Cette commune fait partie du département du
Gard, de l'arrondissement du Vigan, du canton
civil de Valleraugue. Elle comprend plus de
trente hameaux ou mas disséminés à travers les
monts et les vallées sur un rayon d'environ 25
kilomètres. Son sol est en général granitique
et sablonneux.

Là, comme dans toutes les Cévennes, la main
de l'homme lutte avec une énergie persévérante
pour changer la face des rochers escarpés et les
convertir en terrains fertiles.

Dans les endroits où la terre est peu abon-
dante, on la retient par la construction de distance en distance de murs qui donnent aux
montagnes les plus arides l'aspect de gradins

élevés se succédant en amphithéâtres, cultivés de la base au sommet. Sur ces terrains, le mûrier, le châtaignier produisent d'abondantes récoltes.

La feuille du mûrier sert à la nourriture des vers-à-soie. Au temps où cette récolte est prospère, les Cévennes sont citées comme les pays les plus riches du département. Le fruit du châtaignier supplée au blé que la rapidité des pentes et le peu de consistance du terrain ne permettent pas de cultiver. Il est la principale ressource pour la nourriture des habitants.

L'olivier, la vigne, les pommiers et quantité d'arbres à fruits couvrent les coteaux. Ils sont l'objet d'une culture spéciale et rémunératrice.

Dans les vallons la végétation est luxuriante; comme sur les bords de l'Hérault, les prairies sont nombreuses, chaque maison a son jardin potager. On y récolte des pommes de terre, des légumes et surtout les oignons connus sous le nom d'oignons de la Terre Blanche. Il s'en fait un grand commerce.

Dans chaque mas ou ferme on élève des bêtes à laine. Leur nombre est en rapport avec l'importance de la propriété de chacun. L'été on conduit les troupeaux dans les montagnes de la Lozère.

Grâce à ces avantages matériels, la population de Saint-André, paisible dans ses mœurs et son caractère, jouit d'un bien être que rend encore plus grand l'impulsion industrielle que lui donnent deux filatures. Ces filatures sont aujourd'hui dirigées par M. Paul Carrière qu'on regarde à juste titre comme la Providence de la contrée.

Au XIIe siècle des Bénédictins partis d'Aniane (1) remontent l'Hérault et viennent bâtir un

(1) L'abbaye d'Aniane, qui obtint une très grande célébrité dans la France entière, fut fondée, vers 780, par S. Benoist d'Aniane, fils du comte de Maguelone, sur les bords de l'Hérault, à l'endroit même où s'élève aujourd'hui la petite ville d'Aniane dans le diocèse de Montpellier.

Plus de trois cents religieux bénédictins se réunirent dès l'origine dans ce grand monastère que Charlemagne prit sous sa protection et dota richement.

La ferveur et la régularité qui régnaient dans cette Abbaye lui donnèrent un éclat incomparable. Les Papes conférèrent aux couvent dans le désert de St-André. C'est la tradition confirmée par les données historiques. Bientôt par leur activité une église s'élève, les populations l'entourent de maisons. Insensiblement un groupe se forme : c'est l'origine de cette localité.

Dévorés du salut des âmes, ils parcourent toute la vallée, défrichent les terres et introduisent le

---

religieux de cet illustre Monastère la grande et glorieuse mission de réformer toute la France et spécialement l'Ordre de Saint-Benoit dont les disciples eurent des couvents dans l'Europe entière. Il est impossible de rappeler toutes les maisons qui dépendent de l'abbaye d'Aniane dans les siècles reculés.

Il suffit de redire avec les grands historiens de l'Église que les Moines Bénédictins furent les vrais civilisateurs de notre pays, auxquels ils rendirent, par leurs exemples, par leur influence et par leurs travaux, les plus grands services, alors que la barbarie couvrait de ténèbres épaisses la région que nous habitons.

On voit encore à Aniane les restes d'une ancienne abbaye fondée au IXe siècle, par S. Benoist d'Aniane, rebâtie au XVIIe et XVIIIe siècle, elle sert aujourd'hui de maison de détention. Son église est devenue celle de la ville. — V. *Gallia Christiana*. — VI, *Provinciæ Narbonensis. Ecclesiæ Monspeliensis* 831.— Beaunier, recueil des archevéchés et évéchés, abbayes et prieurés de France, p. 511.

châtaignier qui dès lors devient un arbre indigène vivant et se reproduisant sans culture. Par les soins de ces hommes de Dieu se dressent des églises, des villages, des villes. Valleraugue lui doit sa fondation. On voit encore dans cette ville un pont désigné sous le nom de « pont de la confrérie » que ces religieux ont construit (1).

Valleraugue fondée, là ne s'arrête pas le zèle des religieux Bénédictins. Gravissant les ro-

______

(1) *Castrum Vallerauga 1225. — Vallis Araugia 1228.* — Valleraugue est bâtie au sein d'une vallée fertile, aux confluents des deux rivières Clarou et l'Hérault. L'Hérault la traverse et lui donne son nom. Cette rivière prend sa source au pied de l'Aigoual qui n'est qu'à 8 kilomètres.

Cette ville, autrefois prieuré simple et séculier avec deux chapellenies, est aujourd'hui le chef-lieu d'un canton civil et d'un doyenné de l'archiprêtré du Vigan. Ses armoiries sont de gueules avec une croix d'or. Elle possède une école libre dirigée par des religieuses de Besançon. Sa population est de 700 catholiques et 1610 protestants. Son église à plein cintre est très ancienne. Elle servit plusieurs fois de temple protestant et subit d'importantes réparations en 1688 par ordonnance de Mgr de Séguier.

Dans ces dernières années on a placé sur les principales places de cette gracieuse petite ville la statue du général Perrier et le buste de Quatrefages de Bréau qui ont illustré ce pays.

chers escarpés qui dominent cette ville, dans la direction de l'Espérou (1) ils construisent sur le Causse une église de S. Guilhem.

L'Espérou reste longtemps dépourvu des secours religieux. Emu de cet état de chose le grand cœur du R. Père d'Alzon dote en 1868 cette localité d'une chapelle ; il en confie la direction à ses religieux. L'année d'après, Mgr Plantier, visite par un temps affreux ce petit centre. La population lui ouvre la route à travers les glaces. Sa Grandeur promet à ce bon peuple un prêtre résident. Aujourd'hui M. l'abbé Martin dessert comme chapelain l'Espérou. Cette paroisse dépend du doyenné de Valleraugue. On vénère dans son église une statue de N. D. de Bonheur (2).

---

(1) *Baptista Speronis* 1060. Histoire du Languedoc. Locus de Lespérou 1461.

(2) Monasterium Boni Hominis 1145 — Domus de Bonaheur 1502 — N. D. de Bonheur était une collégiale de chanoine régulier de saint Augustin. Elle fut fondée par la famille de Roquefeuil, entre l'Aigoual et l'Espérou, comme maison de secours pour les voyageurs égarés dans ces contrées abrup-

La dévotion à cette Vierge est très répandue dans la contrée.

La fête principale a lieu le 1er dimanche de juillet de chaque année. On y accourt de la Dourbie, de Lanuéjols, de Camprieu et des pays environnants. A cette époque le plateau de l'Espérou est le témoin des plus touchantes mani-

tes. Avec les biens qui entouraient la chapelle, la collégiale possédait les prieurés de Molières, de Gatuzières et l'Espérou, plus des dîmes à Camprieu. Au commencement du xiie siècle ce couvent dépendait du chapitre de Nimes, six chanoines le desservaient.

La mission de ces religieux était de sonner la cloche la nuit par tour et par semaine afin de ramener les passants égarés dans la neige ou arrêtés par les brouillards. Plusieurs fois chassés de leur couvent les chanoines y reviennent. On trouve comme prieur en 1611 Etienne Jaoul qui devint chanoine d'Alais. En 1782, par lettres patentes, Louis XVI, d'accord avec le syndic de la ville d'Alais, du consentement des chanoines, unit les biens de cette église avec la mense du chapitre d'Alais, à la condition que le chapitre érigerait avec les revenus « une église en titre de paroisse en faveur des habitants des environs du Couvent et entretiendrait une maîtrise à Alais pour l'instruction des enfants de chœur. »

Les guerres religieuses ruinent le couvent et l'église de Bonheur. L'église est vendue pendant la révolution, elle sert aujourd'hui d'écurie. Ainsi disparaît cette vieille institution du moyen âge.

festations et souvent la foi des fidèles pèlerins est récompensée par des grâces intimes.

Si nous remontons le cours des siècles Saint André porte différents noms. Il est successivement appelé Parochia Sancti Andreœ (1224) (1) Locus de Majencoulis en 1384 (2) Majencoules de l'Hérault en 1793 au moment où la révolution du siècle dernier supprime les noms des saints. Aujourd'hui : Saint-André de Majencoules ou de Terre Blanche.

L'appellation de Majencoules semble justifiée par sa position au sein de collines hautes et nombreuses. C'est la réunion de deux mots latins : *majores colles* signifiant grandes collines.

Quelques-uns pensent que le nom de Terre Blanche lui vient de la couleur blanche de son sol. D'autres l'attribuent à la fidélité de ses habitants aux principes chrétiens de la religion.

(1) Cart de N. D. de Bonheur.
(2) Dén. de la Sénéchaussée.

De tout temps, grâce à son point central et à son importance, Saint-André jouit de certaines prérogatives. Il se dispute avec Valleraugue le titre de chef-lieu de canton. Son doyenné-cure de seconde classe, avec vicaire, survit à toutes les fluctuations politiques. Longtemps cette localité est le siège d'une justice de paix ; elle possède un notaire, des médecins (1) un percepteur. Le chiffre de sa population monte jusqu'à 2500 habitants.

____

(1) Le dernier notaire de Saint-André est M. Sarran, mort en 1890 ; son étude s'est fondue avec celle de Valleraugue. M. Daussat exerce encore à Saint-André comme médecin en 1895. Il meurt en emportant l'estime et la reconnaissance de tous.

CHAPITRE II

Prieuré-cure de Saint-André avant la Révolution. — Ses titulaires.
Le duc de Rohan et les habitants. — Démolition des croix de
la paroisse — Les Camisards. — Réparation au cimetière.— Le
curé Boyer, son zèle.— Le tombeau des Chamfort. — Agrandissement de la place de l'Église. — Jean Valette, curé.

Avant la Révolution la France est divisée en
huit provinces ecclésiastiques ou archevêchés et
108 évêchés ou diocèses. Nimes, Uzès et Alais
sont des évêchés qui dépendent de l'archevêché
de Narbonne, dont l'archevêque est Primat de
la Narbonnaise.

Saint-André est un prieuré-cure du diocèse
d'Alais et doyenné de l'archiprêtré de Sumène,
avec Valleraugue et N.-D. de la Rouvière com-

me suffragants. La paroisse est régie par un vi-caire perpétuel et un secondaire nommés par l'Évêque.

Le premier prieur-curé, dit le savant archiviste du diocèse, (1) est Jean Paret. Le 13 mars 1590, il résigne ses fonctions, en Cour de Rome, en faveur de François Escudier. Celui-ci meurt qua-tre ans après, 1594. Julien Dumont, chanoine de Nimes, lui succède. Il est bientôt remplacé par Claude Olivarier qui se démet en 1598. Le 20 dé-cembre de cette même année, Jules Dumont, chanoine de Nimes, s'installe dans le bénéfice. Sa mort a lieu en février 1606.

Au mois de mars le titre de prieur passe à Pons Bouchard, troisième archidiacre de Nimes. Le jour de son installation se présentent en même temps pour prendre possession Mathieu Maridat nommé par l'official du diocèse et Jean-Etienne

---

(1) Monographies paroissiales — Paroisses de l'archiprêtré du Vigan, par l'abbé Goiffon, vicaire général, où nous avons puisé, comme à une source sûre et authentique, nos renseignements sur cette époque.

Dumont, chanoine de Nîmes. Ce dernier est muni de provisions de Rome obtenues en faveur d'une résignation régulière de son oncle Jean Dumont. Maridat se désiste bientôt, Dumont persiste dans ses prétentions. Bouchard en appelle à la cour de Rome, sous le prétexte que le prétendant est trop jeune. Il obtient de nouvelles provisions et s'installe le 29 mai 1606.

Dumont reste quand même possesseur, malgré l'opposition que lui fait en avril 1611 un nouveau concurrent Antoine d'Abadier pourvu en cour de Rome, nous ignorons sur quel titre.

Dumont ne réside pas. Un religieux du nom de St-Amant fait le service à sa place. St-Amant habite à N. D. de la Rouvière. Le 31 août Mgr de Valernod, arrivé en visite à St-André, St-Amant ne se dérange pas pour recevoir Sa Grandeur, il envoie pour le remplacer un nommé Georges. De ce fait l'évêque retire tout pouvoir à ce religieux sur la paroisse et lui intime l'ordre de retourner dans son couvent.

St-André compte alors plus de 240 feux catholiques, 500 communiants. L'évêque trouve la cloche trop faible pour la paroisse et demande l'acquisition d'une cloche de deux quintaux. En 1618 Jean Etienne Dumont se réserve une pension sur le prieuré et le fait passer sur la tête de Raymond Dumont, bâchelier en droit canon.

Nous sommes en 1620. Une délibération du clergé (1) nous apprend : « que plusieurs insolences ont été commises par ceux de la religion prétendue réformée, que le curé a été battu ». L'assemblée décide que cette affaire sera poursuivie jusqu'à arrêt définitif.

Le duc de Rohan, général des Calvinistes révoltés, règne en maître absolu sur les Cévennes. Usant de la force, il rassemble les notabilités de St-André, de la Rouvière et de St-Martial, pour les faire embrasser le protestantisme. Ceux-ci terrifiés, mais gardant au fond du cœur la foi catholique, acquiescent à la proposition du duc,

____

(1) Archives de l'Evêché.

sous condition de pacte de *recobre*, pacte de rachat. Le duc, qui ne connait pas la valeur de cette dénomination, signe le traité. Après la pacification des Cévennes, ces trois paroisses reviennent au catholicisme, en vertu de la condition qu'ils ont posée. Leurs fidèles depuis cette époque sont entièrement dévoués à la religion.

Le 25 septembre 1625, François de Boyer est prieur ; il posséde le bénéfice 29 ans. Il a pour successeur Gabriel de Mirman, prêtre du diocèse de Montpellier et conseiller du roi au Parlement de Toulouse. Pendant l'année 1658 a lieu la rénovation des confréries du Saint-Sacrement et du Saint Rosaire. Les annales de la paroisse attribuent leur fondation à un sieur Gache, curé de Saint-André et aux R. P. Guevare et Marquis, de la Société de Jésus. Gabriel de Mirman résigne ses fonctions en Cour de Rome, sous la réserve que le prieuré sera uni par moitié aux deux collèges des Jésuites de Nimes et de Toulouse. Le chapitre de Nimes et Mgr

Cohon y consentent, à la condition que l'évêque
aura la pleine collation de la vicairie, perpé-
tuelle et de la seconderie et que seul il fixera
les gages des deux prêtres. Une bulle du 3 juillet 1659 confirme cette union. Elle est faite
pour aider les Jésuites dans les soins qu'ils
donnent à l'instruction de la jeunesse.

Dès lors, 10 novembre 1660, la vicairie per-
pétuelle est confiée à Raymond Vitalis, prêtre
du diocèse de Rodez. Il a avec lui son frère
Pierre Vitalis. Ensemble, ils reçoivent en août
1675 Mgr Séguier en visite épiscopale. L'évêque
constate « que l'église est fort belle, que le cimetière n'est pas clos et donne l'institution ca-
nonique aux deux confréries de la paroisse. »
L'église compte plus de neuf cents communiants.

Dans la nuit du 13 au 14 janvier 1691 des
prédicants abattent les croix tant en pierre qu'en
bois qui se dressent un peu partout sur le terri-
toire de la paroisse et les mettent en pièce. Le
prieur Raymond Vitalis et le consul Puech, en

avertissent les Jésuites qui dressent procès-verbal et ordonnent une enquête.

Pendant cette période les Capucins du Vigan et de Sauve sont les prédicateurs attitrés de Saint-André pour le saint temps du Carême.

La Réforme qui a pénétré dès le xvi° siècle dans les Cévennes, par les prédications des ministres génévois, fait des prosélytes. Elle arme la guerre civile. Les partisans de la nouvelle religion trouvent une grande opposition chez les catholiques restés fidèles à la croyance de leurs pères. Ils s'en vengent contre les couvents et les églises.

Au mois de mars 1704 ils incendient celle de Saint-André. Les ravages qu'ils commettent sont tels et leurs meurtres si nombreux dans les environs, que la population en est exaspérée. Pour prévenir les représailles, les Camisards installent au Gasquet, dans la maison actuelle de Mme de Bez, une petite garnison. En même temps, par une circulaire du 26 mars, le maréchal de Mon-

trevel prescrit d'armer les anciens catholiques
pour les protéger contre les pillages des bandes
camisardes. La population de Saint-André est
armée comme les autres. Les fanatiques persécu-
tés tiennent au Rey une réunion, les habitants
de Saint-André n'hésitent pas à défendre courageusement leur foi.

Le 15 octobre 1703, Raymond Vitalis cède
la cure de Saint-André à François Vitalis, prêtre
du diocèse de Rodez. Le 6 septembre 1717, Antoine Salvan, du même diocèse, remplace ce dernier, il a pour vicaire Pierre Faulcher, du diocèse de Mende. Salvan exerce le saint ministère
pendant trente-quatre ans. Le 15 septembre 1738,
il reçoit la visite pastorale de Mgr d'Avéjan.

L'église a souffert, les autels sont délabrés,
les meubles et les ornements sont en mauvais
état, les linges sacrés manquent. Le prieur profite de l'arrivée de l'Evêque pour lui faire un
rapport sur cette situation déplorable (1).

____

(1) Dictionnaire topog. stat. et hist. du diocèse de Nimes,
par le vicaire général Goiffon.

Le cimetière est partagé par le chemin public ;
à cause de sa position sur les rochers, une partie
est inutile. Depuis 1736 les habitants demandent
sa translation. A la prière de l'Evêque, « noble
Jean-François d'Assas, seigneur de Chamfort,
donne à la communauté un terrain clos et rap-
proché de l'église, d'une contenance d'environ
600 cannes carrées. » En échange il reçoit une
partie de l'ancien cimetière.

Sauvan est nommé à Saint-Martial le 20 septembre 1751. Gabriel Cazotes, du diocèse de
Mende, lui succède. Le 28 septembre 1756,
Cazotes résigne ses fonctions en Cour de Rome.
Jean Boyer, prêtre du diocèse de Vabre, prend
sa place. Il profite de la visite de l'Evêque
d'Alais pour lui faire part de la pénurie de son
église. Longtemps il ne cesse de se plaindre et
d'insister auprès des Jésuites, décimeurs de Saint-
André. Il ne reçoit que des réponses peu satis-
faisantes. Loin de se décourager, il porte l'activité de son zèle du côté des confréries de la

paroisse qu'il relève. Aidé de Méric, son vicaire, il leur donne une nouvelle organisation.

En 1762, sous le règne de Louis XV, les Jésuites sont supprimés. Après la dispersion de l'Ordre, M. Boyer s'adresse pour l'intéresser à ses œuvres (nous en ignorons la raison) à l'Evêque d'Orléans. Sa Grandeur le renvoie aux administrateurs du Collège royal de Toulouse. Ces Messieurs tardent à répondre et plus longtemps à s'exécuter.

L'Evêque d'Alais ordonne alors une enquête. L'archiprêtre de Sumène, M. Rollendes, curé de Saint-Roman-de-Codières, en est chargé. Il se rend à Saint-André. Il résulte de sa visite que, par ordonnance du 1er juin 1766, Mgr de Beauteville exige les réparations demandées.

Enfin gain de cause est donné au curé. Les administrateurs du Collège royal de Toulouse lui envoient des ornements sacerdotaux, des linges d'autel et une certaine somme d'argent pour pourvoir au plus nécessaire.

Dès 1739 les consuls, les marguilliers autorisent M. de Chamfort à faire sa sépulture et celle de sa famille dans la chapelle de Notre-Dame, à la condition qu'il donnera à la fabrique la somme de cent francs pour une chaire. Sur les instances du curé Boyer, M. de Chamfort verse la somme promise et pendant l'année 1782 on installe dans l'église une nouvelle chaire. Le tombeau de Chamfort subsiste jusqu'en 1885. A cette époque ont lieu de sérieuses réparations à l'église, le tombeau disparaît et les ossements sont portés dans le cimetière communal.

Le 2 août 1783 le consul Durand fait échange avec M. de la Lignière, seigneur du lieu, d'une espace de terre, pour l'agrandissement de la place de l'église. Une pente douce est établie pour monter au château. C'est la même d'aujourd'hui. Elle s'élève sur l'emplacement de l'ancien cimetière qui entoure l'église et dont la place et le jardin de la cure font partie.

Jean Valette, enfant de Saint-André, né le 7

septembre 1747, est nommé curé le 15 mai 1785.. Cette même année on fait des réparations au presbytère. Le vicaire Louis Despériès est installé dans les appartements supérieurs de la Mairie. Ils forment encore la vicairie. On conserve dans les archives de la paroisse un catalogue des congrégations de cette époque.

La nef intérieure de l'église est encombrée par les bancs, la circulation est difficile. Sur l'assentiment du curé, dans une réunion publique du 10 août 1788, on décide qu'on sortira les bancs à l'exception de ceux de la municipalité et de la confrérie du Saint-Sacrement.

En même temps les consuls (1) demandent que la fête patronale de Saint-André « qu'on célèbre avec piété et entrain » et qu'une ordonnance

(1) Dans les cités gallo-romaines et dans les villes du Midi de la France on donnait le nom de consuls à des magistrats municipaux chargés de l'administration de la communauté et nommés chaque année à l'élection suivant des règlements déterminés. (V. Chéruel, **Dictionnaire des Institutions**).

L'insigne distinctif des consuls était le chaperon rouge qu'ils portaient dans les processions et les cérémonies publiques.

épiscopale renvoie au dimanche, au lieu le jour
où elle tombe. Satisfaction leur est donnée par
par l'autorité diocésaine. Depuis lors cette tradition se continue dans la paroisse.

CHAPITRE III

Saint-André en 1789. — Faits divers. — Fête de la Fédération. —
Commencement d'incendie au château, sa description. — Les de la
Lignière, de Sauzet, Durand. — Bousquet et ses héritiers. — La
révolution triomphe à Paris. — Les vandales à Saint-André, ils
brisent les cloches, ruinent l'Eglise. — Bros pro-curé. — Etablis-
sement de deux foires.

Avec l'année 1789 une nouvelle législation
divise le royaume en départements, districts et
cantons. Le nombre en est fixé par la loi du
26 février 1790. Les divisions et subdivisions sont
conservées, à quelques changements près, par
tous les gouvernements qui règnent sur la France.
On substitue seulement au district le nom d'arrondissement et de sous-préfecture.

Le conseil municipal profite de cette modifica-
tion pour demander, par l'intermédiaire de son

maire Triaire, le titre de chef-lieu de canton.
L'administration supérieure répond : « qu'il y
aura deux réunions primaires, une à Valleraugue, l'autre à Saint-André.

Dans la nuit du 29 au 30 mars, un ouragan
s'abat terrible sur la commune. Les châtaigniers,
les mûriers, les terres, les chemins sont empor-
tés. Le conseil sollicite un secours pour réparer les dégâts. Il l'obtient.

Au mois de novembre un litige s'élève entre
la municipalité et quelques notables de l'endroit
parmi lesquels Ricard (1) et Portalès (2) ecclé-

---

(1) La famille de cet ecclésiastique dont nous n'avons pas
retrouvé la trace habite le Perrier à Peyregrosse. Une demoi-
selle Ricard épouse un des devanciers de M. de Tarteron, de
Sumène. Ils sont longtemps les bienfaiteurs de la paroisse.
Aujourd'hui le Perrier et le Rouquet sont la propriété de M.
le Chanoine Julien, aumônier du Lycée de Nimes.

(2) Nous trouvons les noms de deux Portalès, prêtres originaires de Saint-André. Ils sont les grands oncles de M. Portalès Grégoire, de la Peyre. L'un est mort à la Capelle (Lozère).
L'autre prend possession de la cure de Saint-Martial le 22 avril
1791. Il gouverne quelque temps cette paroisse, refuse le serment constitutionnel. Obligé de se cacher, il ne s'éloigne pas.
Il exerce son ministère au péril de sa vie. Poursuivi un jour

siastiques, au sujet des bancs de l'église. On sort celui de la commune et on conserve celui de la confrérie du Saint-Sacrement. Il n'existe plus aujourd'hui.

La Révolution s'annonce pleine de menaces. Sous prétexte de corriger les abus, elle commet des injustices criantes. Le schisme se prépare.

Le 10 mai 1790 le curé Valette donne lecture au prône de la lettre patente de Jean-Baptiste Demouchy, évêque constitutionnel du département.

Le 14 juillet on célèbre par des réjouissances,

---

par deux gendarmes, (nous devons ce détail à M. l'abbé Saleil curé de N. D. de la Rouvière, doyen honoraire) il part dans la direction de Sumène, à un tournant de la route il rencontre un tonnelier. Celui-ci le cache dans son tonneau tout en continuant son ouvrage. Les gendarmes arrivent, demandent s'il n'est pas passé un homme. Sans se déconcerter le tonnelier leur répond : qu'il en a bien vu un qui marchait à grands pas. Les gendarmes se mettent à sa poursuite, le curé Portalès était sauvé.

Nommé curé d'Avèze en 1804, il administre 33 ans cette paroisse. En 1807 il fait réparer avec le granit du son pays natal la porte de la cure qu'ont bâtie autrefois les Bénédictins d'Aniane.

dans toute la France, la liberté nouvelle, par une
ête qui porte le nom de Fédération. Le maire de
Saint-André, le conseil font au sortir de la messe,
sur la place publique, serment de fidélité « à la
nation, et à la loi. » Le 24 octobre on proclame la
Constitution, on chante le *Te Deum* en actions
de grâce.

En 1791 le curé a pour secondaire un nommé
Mazéran, né en 1762. Celui-ci d'abord refuse le
serment à la Constitution. Mais Valette qui l'a
prêté le 30 janvier, parvient à l'y entraîner, ainsi
qu'au serment d'égalité qu'ils prêtent le 7 octobre 1792.

Des malfaiteurs tentent d'incendier le château
de Saint-André. Son origine remonte au commencement du xviii° siècle, sauf la tour droite
qui est plus ancienne. Entouré d'un parc immen-
se, doté d'une terrasse ombragée d'arbres sé-
culaires, malgré son allure, moderne ce château

a un aspect de grandeur imposante. Son séjour est des plus agréables (1).

Il a appartenu tour à tour aux Dassas de
Chamfort, Guichard de la Lignière, de Beau-
mevieille. Ce sont les noms connus. Aujourd'hui
il est la propriété de la famille de Lomède.

Le mal s'aggrave, la tourmente monte. Par
ordre du gouvernement on fait des perquisitions
chez les notables : Guichard de la Lignière (2) et
de Sauzet sont devenus suspects. On les détient

____

(1) *L'histoire de la Révolution dans le Gard* (tome II, p. 242),
faisant l'énumération des châteaux brûlés en 1792, dit :

« Les habitants de Saint-André-de-Majencoules et du Rey
avaient été désarmés en juillet précédent en vertu d'un arrêt
du directoire du département.

« Ils demandèrent, le 5 avril, la restitution de leurs armes et
leur requête fut accueillie avec faveur immédiatement. La
veille de cette décision, ils s'étaient portés, à 10 heures du soir,
devant le château de M. Guichard le Lignière, ci-devant seigneur,
menaçant de le livrer aux flammes, mais tout se borna à des
menaces.

(2) A la veille de la Révolution, le seigneur de Saint-André
était Antoine-Françoisde Guichard de la Lignière, Chevalier de
Saint-Louis, Maréchal de camp, né au Vigan, le 6 février 1724,
de noble Antone Annibal de Guichard. sieur de la Lignière,
Chevalier de Saint-Louis, capitaine au régiment de la Reine-

pendant quelques jours à la maison d'arrêt de Nimes.

Rendus à la liberté, sur la preuve de leur innocence des prétendus crimes dont on les accuse, de la Lignières prend le chemin de l'exil, se fixe avec son domestique Bousquet à Dresde, en Saxe. Ce dernier crée dans cette ville un salon de coiffure, fait une petite fortune. A la mort de son fils qui arrive en 1884 ses héritiers de

---

Cavalerie, et de dame Françoise Arbonna. Elu le 31 mars 1789, par la Sénéchaussée de Nimes, Député de la Noblesse aux États généraux, il n'eut pas dans cette Assemblée une attitude bien définie, dit le Dictionnaire de la Révolution, et cessa d'y siéger à partir du 12 juillet 1791. Son nom est porté sur la liste des émigrés dans l'Histoire de la Révolution du département du Gard ainsi que celui de Jean, François-Maurice-Xavier-Delpuech, Seigneur de Lomède, ancien garde du Corps du Roi. Nommé maire de Saint-Andre en 1810 il reçoit la croix de chevalier de Saint-Louis en 1814.

Avec les de la Lignières, on cite les familles de Sauzet et Duraud comme ayant eu, dans la commune, une certaine prépondérance. Elles ont quitté le pays pour Toulouse et Marseille. Leur souvenir et celui de leurs bienfaits n'en subsistent pas moins. On leur doit des fondations pieuses et la dotation du Bureau de Bienfaisance. Le Bureau de Bienfaisance, si on s'en rapporte aux registres de 1688, remonte aux temps les

Saint-André reçoivent des riches épaves de sa succession.

Avec 1793 s'ouvre l'année terrible. La royauté est abolie. La tête de l'infortuné Louis XVI roule sur l'échafaud. On proscrit partout les noms des saints, on abolit les fêtes religieuses, on ferme les églises. Bientôt au culte de Dieu succède celui de la Nature et de la Raison. On place sur l'autel de la Patrie une femme sans pudeur habillée en déesse, comme symbôle de

plus reculés. Les annales manuscrites de la paroisse nous ont conservé les prières qu'on récitait avant chaque réunion.

« Mon Dieu qui nous avez recommandé les pauvres d'une manière spéciale et qui avez promis que vous tiendrez pour fait à vous-même, tout ce qu'on ferait pour eux : Nous voici ensemble en votre nom pour leur procurer quelques soulagements ; donnez-nous. divin esprit, les lumières nécessaires pour pourvoir à leurs besoins et pour ne rien faire qui ne tende à votre gloire et à votre salut. Ainsi soit il. » Après, à la fin de chaque réunion on faisait la prière suivante : Nous vous supplions, mon Dieu, qu'en nous séparant de cette assemblée, nos cœurs demeurent toujours unis par une parfaite charité et que nous nous proposions en toutes choses de vous glorifier et de nous sauver. C'était l'usage dans les familles aisées de doter le Bureau de Bienfaisance en mourant Le dernier legs en sa faveur est celui de Mazot Hippolyte, de Saint-André.

la nouvelle idôlatrie. Des meurtres, des atro-
cités se commettent dans toute la France.

Nos pays en ressentent le contre-coup. Des
Vandales, venus du dehors, démolissent le château des Pauses, dont les ruines se voient sur la
montagne escarpée du Castel. Ils arrivent à
Saint-André, envahissent l'église, mettent tout
à feu et à sac. Deux de ces hommes se distin-
guent par leur rage satanique. L'un détrône et
brise la cloche de l'horloge et celle de l'église ;
l'autre enfonce le tabernacle et démolit les
autels.Grande est la consternation parmi les
bons.

Le ciel ne laisse pas impunis tant d'outra-
ges ! Le premier de ces malheureux meurt mi-
sérablement quelque temps après à Pied — Mé-
jean, abandonné de Dieu et des hommes ; le
second, poursuivi par les gendarmes à cause de
ses méfaits sacrilèges, prend la fuite dans la direction du Bouis ; atteint,dans sa course,par un
coup de feu, il succombe à la suite de sa bles-

sure en vomissant le sang. Ne dirait-on pas que le doigt de Dieu est là !

Les sectaires exigent des ecclésiastiques qu'ils prêtent serment à la Constitution. Un grand nombre de prêtres préfèrent la mort et l'exil au parjure. Valette et son vicaire sont loin d'imiter ces exemples de fidélité ; dans un moment de faiblesse, ils renoncent à leur profession et à tout culte pour ne reconnaître que la religion nouvelle.

Les annales de la paroisse nous consolent de ces défections. Elles donnent à cette époque comme pro-curé à Saint-André un nommé Bros. Elles nous le montrent plein de zèle et de dévoûment. Bravant les menaces, au prix de mille dangers, ce saint prêtre administre les sacrements. En secret il va de maison en maison baptiser, marier. Souvent l'on vient des pays voisins lui demander les secours de son ministère. Pendant longtemps, en ces jours néfastes, le service divin est fait aux Pauses, dans la maison François Daudé, et à Pied-Méjean. On y conserve encore le Christ de l'autel sur lequel on disait la messe.

En 1796 une nouvelle démarcation divise le département et les diocèses en huit districts. Elle supprime les évêchés, les cures, les vicariats non concordataires. Saint-André change son nom en celui de Majencoules-l'Hérault. Un marché et deux foires sont établies. Ces foires se tiennent encore le 1er décembre et le 6 avril de chaque année. Elles sont très suivies. On y fait le commerce des bêtes à laine, des châtaignes et des oignons. Le maire Calvas demande des réparations au temple de l'Etre Suprême. On installe un octroi pour augmenter les ressources, la commune n'a que les centimes additionnels.

CHAPITRE IV.

La paix est rendue à l'église. — M. Daudé est nommé curé de Saint-André. — Bénédiction d'une cloche. — Don et achat des tableaux de la Vierge et de Saint-André. — Le curé Salendres et les Congrégations de la paroisse. — Erection de la Croix de la Retraite. — Mission de 1825 Mgr de Chaffoy envoie des missionnaires de Provence. — Plantation de la Grande Croix dorée. — M. Dumazert est nommé curé de Saint-André. — Sérieuses réparations au cimetière, à la sacristie à l'église. — Visite de Mgr Cart. — Valleraugue doyenné. — Les croix du Tournant, de Vammales et des Taulliès. — Mgr Plantier à Saint-André. — Mort de M. Dumazert.

La tourmente touche à sa fin, le génie réparateur qui préside aux destinées de la France comprend que pour arriver à la reconstitution politique, il doit commencer par la restauration religieuse. Il ouvre des négociations avec le Pape Pie VII et par le Concordat de 1801 il rend la paix à l'Eglise.

Une ère nouvelle commence. La cure de Saint-

André est reconstitué avec deux vicaires. (1)
Elle dépend de l'archiprêtré du Vigan et du
diocèse d'Avignon.

Valette qui pendant la révolution s'est mon-
tré ardent sectaire, comprend toute la grandeur
de sa faute ; il rétracte ses errements, fait sa sou-
mission à l'Eglise et demande à reprendre ses
fonctions. Une note de 1802 envoyée au Préfet
du Gard par le Sous-Préfet du Vigan, nous
apprend qu'il n'a la confiance d'aucun habitant.
L'administration ecclésiastique l'envoie comme
curé à Mandagout, plus tard il meurt à Valleraugue.

En 1803 la cure de Saint-André est offerte à
François Félix Laborie qui n'accepte pas.
M. Daudé est nommé à sa place. Le clocher
menace, il le répare. L'horloge manque de cloche,
il lui en donne une. Celle de l'église, depuis
longtemps muette, retrouve sa grande voix. La
bénédiction a lieu le 26 mars 1806. Le vicaire

---

(1) Statistique du Gard, p. 432.

Valladier est le prédicateur de la fête. La cloche
porte cette inscription : «Parrain : Guichard de
la Lignière, ancien maréchal de camp et d'armée du Roi, député aux Etats Généraux —Marraine : Antoinette Carle, veuve del Puech. —
M. Sauzet étant Maire et Barbut, de Nimes,
fondeur. » Son poids est de 530 kilog. C'est la
même qui mise hors d'usage par une félure est
descendue du clocher le 3 septembre 1899.

Le 3 août Mademoiselle Boisson, de Peyregrosse et la veuve Amarine, de Valbonne, font
don à l'autel de Notre Dame d'un tableau re-
présentant la Sainte Vierge. L'année suivante
la fabrique fait l'acquisition de celui de Saint-
André. Ces tableaux se trouvent à la tribune.

M. Daudé meurt le 9 février 1807. Dix jours
après M. Philippe Salendres (1) natif de Save-

------

(1) Salendres était curé de N.-D. de la Rouvière au moment
de la prestation du serment à la constitution civile du clergé.
Soit ignorance, soit faiblesse il prêta le serment constitutionnel
le 6 février 1791. Dès ce jour il perdit la confiance de ses paroissiens. La population refusa d'assister à sa messe ; il ne trou-

lous, paroisse de Saint-André, prend possession. Il vient de Valleraugue.

Sous son pastorat la religion triomphe. M. Salendres porte d'abord sa sollicitude sur les congrégations de la paroisse qu'il relève. Il rend obligatoire pour la confrérie du Saint-Sacrement la procession qu'on fait à l'instar de celle de la Fête-Dieu, le 3° dimanche d'août, en souvenir de l'établissement de cette confrérie. Cette coutume s'est perpétuée jusqu'en 1845.

Aujourd'hui on expose seulement le Saint-Sacrement à la Grand'Messe et aux Vêpres, tous les 3e dimanche du mois. La procession se déroule dans l'église pendant les Vêpres. Les

---

vait pas même un servant. On raconte que dans son embarras il se présentait quelquefois sur la porte de l'église pour appeler une de ses voisines du nom de Fesquetonne et la prier de lui envoyer son jeune fils. « Non, Monsieur le curé, répondait cette femme, je ne vous le donnerai pas, votre messe ne vaut rien. » Cet enfant qu'il réclamait n'était autre que le jeune Berthézène, mort curé de Saint-Marcel-de-Carreiret. Nous devons dire que M. Salendres pour atténuer la grosseur de sa faute, depuis son serment civique, n'eut rien à se reprocher. Sa conduite fut toujours édifiante.

congréganistes y assistent un cierge allumé à la main, avec leurs insignes qui sont un ruban violet et une médaille du Saint-Sacrement.

La Congrégation des filles reçoit également une nouvelle réorganisation et prend des allures plus généreuses.

Comme par le passé, ces congrégations sont florissantes. Elles font de nos jours l'édification de la paroisse et y entretiennent la vie chrétienne.

Le 10 mai 1811 on plante au quartier du Bouis, sur la route de Camias et de la Rouviérette, la croix de la retraite ainsi nommée à cause des pieux exercices qui précèdent son érection.

Depuis la mort de son vicaire Cazal, M. Salendres est paralysé. Un nouveau vicaire, Malosse, administre la paroisse. Nous sommes en 1825, l'année à jamais mémorable du grand jubilé et du triomphe des missions. Cette même année une petite colonie de missionnaires de Provence, connus sous le nom d'Oblats de-

Marie, fondés par Mgr de Mazenod, évêque de Marseille, vient s'établir à Nimes, au mois de mai, près du Grand-Séminaire, dans l'ancienne maison du chanoine Chassaing. Au mois de septembre, Mgr de Chaffoy envoie les Pères Mye, Marcou, Guibert et Honorat, de cette congrégation, prêcher une mission à Saint-André-de-Majencoules.

Ces hommes de Dieu que dévore le salut des âmes partent à la voix du saint évêque. A l'entrée du pays qu'ils vont évangéliser, ils se prosternent jusqu'à terre, adorent N.-S., lui rendent leurs hommages et lui offrent les travaux de leur ministère apostolique. M. le Curé leur présente alors la croix, ils la vénèrent. Le supérieur de la mission la fait ensuite baiser à toute l'assistance et au chant des litanies des saints on se rend en procession à l'église où a lieu l'ouverture solennelle de la mission.

Pendant un mois, dès 4 heures du matin, tous les jours les cloches appellent les fidèles à l'église.

On fait en commun la prière du matin, on chante un cantique et après l'instruction se célèbre la sainte messe qui est suivie de la bénédiction du Saint-Sacrement.

Tous les soirs, à 5 heures, même entrain ; chant, instruction, salut.

Pendant la journée les R. P. entendent les confessions. Ils vont de hameau en hameau, de mas en mas visiter les paroissiens. Ils savent qu'un grand moyen d'action pour le bien ce sont les congrégations ; ils en font l'objet de leur sollicitude.

De temps en temps ils préparent des cérémonies extraordinaires. Ce sont des processions de pénitence, si célèbres en Provence ; des réunions particulières pour les filles et les femmes ; la consécration de la paroisse, des enfants à la T. S. Vierge. C'est la procession au cimetière. On s'y rend au chant du *Miserere* et du *De Profundis* en alternant chaque couplet avec le *Requiem œternam dona eis Domine*. A l'arrivée au cimetière on donne l'absoute sur une fosse fraîchement ouverte pour la circonstance ; suit un discours émouvant qui arrache des larmes aux cœurs les plus endurcis.

L'église suffit à peine pour contenir la foule de fidèles qui s'y presse. Soir et matin on accourt même des hameaux les plus éloignés. Le succès qu'obtiennent les bons Pères est merveilleux. La mission est un triomphe de grâce et de salut.

Le jour de la clôture, au milieu d'un concours inoubliable de fidèles, on plante comme souvenir la belle croix en fer forgé qui se dresse encore à l'entrée du pays, en face du cimetière. Le R. P. Guibert est le prédicateur. Plus tard cardinal-archevêque de Paris il n'oublie pas Saint-André.

L'auteur de sa vie auquel nous empruntons ces détails intéressants, nous dit que ce furent là les débuts du jeune missionnaire. Dans sa vieillesse il aime à le rappeler et à raconter qu'il est monté à Saint-André dans la chaire du P. Bridaine. Il se glorifie de ce premier essai dans l'apostolat au sein d'une population honnête, énergique, chrétienne dans ses mœurs. Il y voyait, dit son biographe, une attention de la Providence, un encouragement donné à sa jeunesse. Son compte rendu de la mission porte le reflet de sa joie. Nous croyons être agréable aux lecteurs en rapportant ici deux lettres que ce vaillant missionnaire écrivait au R. P. Mazenod, son supérieur.

Saint-André 20 Septembre 1825

« Mon Très Cher Père,

« Il est minuit. Depuis quelques jours, nous ne dormons guère et je suis accablé de sommeil. Je ne laisserai pas cependant partir le Père Honorat sans vous écrire ; son départ est cause que nous sommes encore sur pied, car le travail de la mission est fini. Nous avons planté la croix aujourd'hui. J'étais loin, mon très cher Père, d'avoir une juste idée de la mission. On

---

V:e du Cardinal Guibert, tome I, page 172.

ne peut la bien juger que lorsqu'on y assiste. Pendant quatre semaines, que de miracles j'ai vus ! Après une mission, on croit à la grâce de Dieu. J'ai été, durant tout le temps, comme quelqu'un qui voit des prodiges. Dans certains moments, l'étonnement m'absorbait tout entier et m'ôtait toute activité.

« Notre cher Père Honorat vous donnera des détails sur la mission. Pour moi, j'en suis émerveillé, au pied de la lettre ; il est vrai que c'est ma première. Nous avons trouvé un peuple assez bien préparé par un jeune prêtre qui est mort depuis quelques mois, (1) la foi est ici très vive ; il y a dans les esprits une simplicité admirable. Ils ne demandent pour motifs de croire à ce qu'on leur propose que l'autorité du prêtre. Les gens de ces pays ont du caractère ; je crois que les fruits de la mission seront durables. Toute la population, à très peu de chose près, s'est rendue ; sur dix-sept cents âmes, nous

______

(1) M. l'abbé Cazal, vicaire de Saint-André de Majencoules.

avons eu environ mille communions. Ce bon peuple a embrassé avec une docilité étonnante toutes les pratiques que nous lui avons suggérées. La dévotion du chapelet, qui n'était pas très répandue dans ce pays, comme dans bien d'autres de ce diocèse, est maintenant générale. Les hommes, sans respect humain, ont assisté aux processions le chapelet à la main ou bien pendu au cou. Tous ces pauvres gens n'ont fait que pleurer sur leur ignorance passée. Sans cesse ils nous disaient : « Pourquoi ne nous avait-on pas instruits ? » S'il vient ici un prêtre, après la mission, il fera ce qu'il voudra. Aujourd'hui, malgré une pluie assez forte et continuelle, nous avons fait la procession avec beaucoup d'ordre. La croix a été élevée en un moment et comme par enchantement. Avec des barres et des échelles, quelques hommes ont fait en une heure ce que les gens de l'art n'eussent pas fait en quatre. Au reste, c'est une tradition dans ce pays qu'à la mission du Père Bridaine la croix fut plantée comme par miracle : on n'en pouvait venir à bout, dit-on ; le missionnaire y mit son bras et ce fut fait. Cette fois, je crois que la chose s'est faite toute seule. Je vous dirai, à propos du Père Bridaine, que nous avons prêché dans la chaire où ce père était monté. Il y a dans le pays quelques personnes qui se souviennent de ce grand missionnaire ; cette circonstance était encourageante pour nous.

« Pendant la cérémonie d'aujourd'hui, les cris de Vive la Croix ! Vive la Religion ! se faisaient entendre à chaque instant et on comprenait bien qu'ils partaient du fond du cœur. Le Père Mye a fait les adieux ce soir ; à peine a-t-il annoncé que c'était pour la dernière fois qu'il montait dans la chaire, que les sanglots ont éclaté : il a prêché sur la persévérance. Quand il prononça l'adieu, à la fin, il a été interrompu et n'a pu continuer.

« Je vous prie, mon cher père, de m'excuser de ce que je ne vous rends pas un compte exact

de cette mission qui est ma première ; je vous
l'avoue avec franchise, c'est en dormant que je
vous écris ; mais je ne veux pas laisser échapper
l'occasion du Père Honorat. Les choses sont
bien allées ici ; il entend parfaitement la tacti-
que des missions et j'aurais bien souhaité d'en
faire encore quelques-unes avec lui.

« Je finis, mon cher père ; nous allons accompagner le Père Mye et le Père Honorat, qui
sont prêts à partir. Ils nous laissent ici, le Père
Marcou et moi, pour quelques jours encore. Le
Père Honorat vous expliquera tout cela. Je vous
embrasse de tout mon cœur et je ne me console
pas de n'avoir pas été à Nimes lors de votre
visite. »

Nimes, 16 octobre 1825.

« Mon très cher Père,

» Nous sommes arrivés à Nimes depuis quelques jours. La mission de Saint-André est
entièrement terminée. Nous avons laissé ce
pauvre peuple dans la désolation ; la paroisse

de Saint-André est actuellement sans prêtre. Nous l'avons confiée en partant à un curé voisin et nous avons beaucoup pressé Monseigneur d'envoyer au plus tôt un prêtre pour ne pas laisser tomber le fruit de la mission. Monseigneur a paru très satisfait de nos premiers travaux dans son diocèse ; vous en trouverez la preuve dans l'approbation qu'il a apposée à nos règles.

» Pour moi, je ne puis pas juger la mission de Saint-André par comparaison ; mais nos chers Pères disent qu'on en a peu fait où la grâce du bon Dieu ait opéré tant de merveilles. A part moi, j'en suis ravi. Je veux vous raconter la dernière cérémonie qui a eu lieu, celle de a communion des infirmes. Saint-André est une commune composée d'une vingtaine de hameaux assez éloignés de celui qui est au centre et où nous faisions nos exercices. Nous dîmes la messe à cinq heures du matin ; immédiatement après nous partîmes, le Père Marcou et moi, pour porter la communion. Arrivés à la séparation des chemins, on dit quelques mots au peuple pour congédier ceux qui ne pouvaient accompagner le Saint-Sacrement à une distance assez éloignée. Je me mis à genoux ensuite, je reçus le Saint-Sacrement des mains du Père Marcou et nous primes deux chemins différents. Nous étions accompagnés d'un grand nombre de personnes et surtout de jeunes gens qui chantèrent des cantiques tout le long du chemin. En arrivant dans les hameaux, nous trouvions toute la population réunie qui se joignait à nous. Ces pauvres gens n'avaient rien vu de semblable dans leurs petits villages. En entrant dans les maisons des malades, on chantait aussi des cantiques ; soit les malades, soit les autres, tous étaient dans une sorte de ravissement et d'enthousiasme qu'ils éprouvaient assurément pour la première fois. On se pressait autour du Saint-Sacrement. Il semble qu'on se disputait à qui approcherait de plus près Notre-Seigneur, et je ne crois pas que l'empressement fût plus grand autour de Notre-Seigneur lorsqu'il parcourait la Judée. (1)

» Lorsque nous sommes partis de Saint-André, les regrets se sont manifestés par des pleurs et des sanglots. Malgré nos précautions, nous avons été obligés de nous laisser accompagner à une lieue ; ils pleuraient comme des enfants, et il fallait employer mille moyens pour les apaiser. A Dieu la gloire !

» Si vous appelez le Père Mye en Provence,

---

(1) Cette pieuse coutume de porter la Sainte Communion aux malades avec cérémonial se continue à Saint-André. On sonne la cloche. Quand le peuple est réuni à l'église, le prêtre prend la sainte hostie, et, revêtu du surplis et de l'étole, sort avec un enfant de chœur qui fait tinter une clochette. Hommes, femmes, filles, enfants accompagnent le Saint-Sacrement en priant, en chantant jusqu'à la sortie du pays. Là, généralement, on se retire, après avoir reçu la bénédiction du Dieu-Hostie. Quelques personnes vont jusqu'à la maison du malade. Les habitants du hameau qui doit recevoir la visite du doux Jésus, viennent l'attendre quelquefois loin. A la vue du prêtre, ils tombent à genoux, adorent le Saint-Sacrement et se joignent au cortège. Cet usage est fait pour arracher des larmes, même aux plus endurcis.

il nous fera bien faute. Il semble que l'on ne peut se dispenser de faire encore une mission dans ce diocèse avant le Jubilé, et, s'il faut que nous la fassions, le Père Marcou et moi, je ne sais comment nous pourrons nous en tirer. Le voyage pourra aussi un peu fatiguer le Père Mye, qui n'est pas très bien portant.

» Le Père Suzanne nous est bien tombé dessus, au pied de la lettre. Jamais gens plus étonnés que nous de voir ce cher Père à Nimes. On a cru ici qu'il venait pour prêter main-forte à la petite troupe. Nous aurions besoin de lui pour quelques missions un peu considérables. Mais on a besoin de lui partout. Si nous prenons part au Jubilé de Nimes, il semble qu'il serait indispensable qu'il fût ici, fallût-il même qu'un de nous descendit en Provence pour le remplacer quelque part.

» Votre voyage à Rome nous procure beaucoup de plaisir, vous le comprenez bien ; mais nous ne nous consolons pas de ne pouvoir vous embrasser avant votre départ Je vous prie de porter notre part d'hommages à Notre Saint-Père le Pape.

> » Votre Fils en Jésus-Christ,
> » GUIBERT, prêtre,
> » Oblat de Sant-Charles. »

Le témoignage que le futur cardinal-archevêque de Paris rend des dispositions de la population de Saint-André est trop honorable et trop flatteur pour le taire. Nous nous sommes fait un devoir de le communiquer, dans cette notice, comme un des plus beaux titres de gloire de la paroisse et comme un des plus précieux souvenirs de ses annales.

Mais revenons à M. Salendres. Il s'endort dans le Seigneur, le 26 mars 1830, à l'âge de soixante-seize ans. Un mois après, le 26 avril, M. Damazert, auparavant curé de Notre-Dame de la Rouvière, s'installe à sa place (1). C'est le dernier doyen nommé par Charles X.

---

(1) Dumazert Joseph, né le 15 janvier 1796 à Rivières de Theyrargues, ordonné prêtre le 27 mai 1820.

Vicaire à Sumène le 28 mai 1820. Succursaliste à Notre-Dame-de-la-Rouvière le 10 avril 1823. Curé à Saint André-de-Majencoules le 4 janvier 1838. Décédé le 29 janvier 1868.

Le souvenir de la mission de 1825 est encore vivant dans les cœurs. Les fidèles sont disposés à s'imposer des sacrifices pour les œuvres paroissiales. Les filatures Durand et Daussat (1) de Saint-André, en pleine prospérité, leur en fournissent les éléments. Elles assurent à la population un travail rémunérateur qui fait qu'on cite Saint-André comme un des pays les plus riches de la contrée. M. Dumazert en profite pour demander des réparations à la sacristie et à l'église. A son appel, la paroisse souscrit 7.000 francs, le gouvernement accorde 3.000 fr. Avec ces sommes, Plagnol de Saint-Laurent-le-Minier et Lafont de Saint-Jean-de-Buège, exécutent, sur les plans de M. Chapot, architecte du Vigan, des travaux qui donnent à l'église le développement et la forme qu'elle a au-

______

(1) Ces deux filatures font longtemps la fortune de Saint-André. La première existe encore, elle appartient à Mlle Hélène Caussignac. Elle n'attend qu'une direction pour rendre, avec celle de Peyregrosse en activité, encore plus prospère la situation des habitants de Saint-André. La seconde a été démolie lors de la construction de la route du Mazel à Mandagout

jourd'hui (1). En même temps on fait une sacristie, on achète des autels pour les chapelles et une chaire.

Homme de zèle et de prière, prédicateur infatigable, tel se montre le doyen. Dévoué aux malades, il ne dédaigne pas, comme le Maître, la plus humble monture pour les visiter. Dévôt à Marie, il entraîne son peuple vers Notre-Dame du Suc et, chaque année depuis, le dimanche après Pâques, Saint-André accomplit son pèlerinage vers ce béni sanctuaire. M. Dumazert dote l'église d'une Vierge monumentale en fonte.

Sous son influence, la population prend des allures encore plus courageusement chrétiennes et le bien se perpétue dans cette paroisse foncièrement catholique.

Il faut couronner l'œuvre commencée en 1830. La façade de l'église est dans un état de déla-

---

(1) L'ancienne église qu'on dit remonter à la fondation de la paroisse par les Bénédictins d'Aniane, avait la forme d'une croix latine. Elle était trop petite pour la population.

brement complet. Pendant l'année 1834, on la reconstruit totalement en granit du pays, avec les tribunes et la tour du clocher. Le sieur Triaire, maçon, de Saint-André, est chargé de cette réparation.

Le 18 mai 1840, Mgr Cart arrive à Saint-André. Sa Grandeur réclame des autorités l'agrandissement du cimetière trop étroit pour le nombre des habitants. M. le maire de Lomède lui donne satisfaction. Peu de temps après, par des réparations intelligentes, on rend le cimetière plus en mesure de répondre aux besoins de la population.

En 1844, a lieu l'érection de la croix du Tournant. Elle remplace une ancienne croix qui porte à ses extrémités des boules couleur d'orange. Pour cette raison, elle s'appelle : la croix des oranges.

Valleraugue, depuis longtemps, sollicite le titre de cure. Il l'obtient, sous le règne de Louis-Philippe, le 21 décembre 1846, par l'influence de

M. Chabaud-Latour, député du Vigan. Saint-André n'en conserve pas moins son doyenné et sa prépondérance au point de vue chrétien.

Cette même année, M. Dumazert fait donner une mission. Les résultats en sont consolants. On restaure la croix avec le grand Christ qui est devant la porte du cimetière. Elle avait été plantée par le Père Bridaine. Elle disparait peu après les dernières réparations du cimetière.

L'année 1851 est l'année jubilaire. Le 9 novembre, on clôture le Jubilé par la plantation de la croix de Vanmales. En même temps s'élève aux Taulliès, la croix connue sous le nom de Culis, du nom du propriétaire du terrain, qu'on vénère à cause de sa piété. L'utilité d'un suisse se fait sentir, l'ordre et l'éclat des fêtes le réclament. Au mois d'avril 1858, on nomme le sieur Charles Colombel.

Mgr Plantier visite la paroisse en mai 1862. M. le curé et M. le maire saluent en leur évêque un des plus vaillants défenseurs des immunités de l'Eglise.

Pendant 38 ans, le vénérable M. Dumazert, admirablement secondé par ses vicaires, Gabalda, Roussel, Mathieu, Chalamon, Bouchet, Terrisse, reste à la tête de la paroisse qui le vénère comme un saint. Il est rappelé à Dieu, le 29 janvier 1868, au moment où il vient de confier la direction de l'école des filles aux religieuses de Besançon qui dirigent depuis longtemps déjà, à la satisfaction générale les, écoles communales de Valleraugue et de Notre-Dame de la Rouvière. (1)

----

(1) La supérieure générale, la vénérable Mère Marcioline, voulut, malgré son grand âge, conduire et installer elle-même, le 8 janvier 1868, les deux religieuses qui devaient diriger cette école : sœur Donatine et sœur Marine.

Sous leur habile et prudente direction, les jeunes filles de Saint - André reçoivent, non seulement une éducation des plus chrétiennes et des plus sérieuses, mais aussi une instruction des plus élevées qui leur permit d'obtenir les premières places dans les concours des élèves de la région pour l'obtention du certificat d'études.

CHAPITRE V

M. Gabalda, curé de Saint-André. — La paroisse, son démembrement. — Le Cigal, Le Mazel, succursales. — Ardaillès et
Talayrac, paroisses du doyenné. — Notre-Dame de la Rouvière. — Le cimetière. — Mort de M. Glas, ancien instituteur.
— Transformation de la sacristie et de l'église. — Sa consécration par Mgr Besson. — Mort de M. Gabalda. M. Garlenq lui
succède. — Le Jubilé national. — Peintures du chœur et des
chapelles, enduits de l'église, les congrégations. — Première
visite de Mgr Béguinot. — Don d'un riche ostensoir par M.
François Hérand. — M. Garlenq, archiprêtre du Vigan. — M.
le chanoine Lamoureux, doyen de Saint-André. — Bénédiction
et installation de quatre cloches. — Visite de Mgr Béguinot.

Le 29 février 1868, M. Gabalda, (1) curé de
Campestre, succède à M. Dumazert. Le vicaire,
M. Barral, mort depuis curé de Castillon-du-
Gard, lui souhaite la bienvenue.

(1) Gabalda Honoré-Sébastien, né à Alzon le 2 octobre 1821.
Ordonné prêtre le 6 juin 1846 ; vicaire au Pont-Saint-Esprit
le 6 juin 1846 ; succursaliste à Campestre le 17 juillet 1848 ;
curé de Saint-André de Majencoules le 29 février 1868, chanoine honoraire le 11 juin 1888, décédé le 24 mars 1895.

Le nouveau doyen ne veut que le bien des âmes, il se dévoue pour son peuple et se fait tout à tous.

Les habitants réclament depuis longtemps des Frères à la tête de l'école des garçons. Ils sont prêts à s'imposer des sacrifices pour assurer à leurs enfants le bienfait de l'éducation chrétienne. M. Gabalda seconde leur vœu. Un an après son arrrivée, les Frères Maristes s'installent à Saint-André. Leur présence est un triomphe et une bénédiction. Malheureusement, le passage de ces bons religieux est de courte durée. Laïcisés, dix ans après, ils quittent la paroisse qui les regrette. Depuis lors un grand nombre de garçons des hameaux vont en classe chez les chers Frères de Notre-Dame de la Rouvière.

De nouvelles combinaisons exigent le démembrement de la paroisse. Elle comprend le même rayon que la commune ; elle embrasse une

étendue de plus de 25 kilomètres de circonfé-
rence ; sa population est ainsi distribuée :

	Habitants.		Habitants.
Saint-André	502	Clany	⎫ 20
Peyregrosse	250	La Prade	⎭
Le Cigal	235	Les Clauzelles	9
La Coste	195	Le Rieu	10
Le Villaret	148	La Borie	
Le Rey	120	Castel Riquet	
La Rouvièrette	119	La Barraque	42
Camias	69	Salessous	
Pt. de Peyregrosse	98	Le Moulin d. Pauses	
Valbonne	96	Le Fescou	
Les Pauses	51	Le Mas	15
La Vielle	28	Mezes	
Le Prat	22	Les Issagadous	12
Le Cambon	19	Les Suels	
Le Lebrat	15	Le Breton	27
La Molière		La Grasserie	
Savelous	43	Le Favier	17
Coulisses		La Resclause	
La Pèse		Le Devès	

Désormais le Cigal et les Pauses, avec leurs
dépendances, quoique de la commune, ne feront
plus partie de la paroisse.

Le Cigal ou Sigal (1) *Mensus de Sigalla*, en

____

(1) Dict. topog. de Gèrmer Durand.

1503, d'abord chapelle de secours, est érigé en succursale le 26 avril 1873. Il se détache de la paroisse de Saint-André avec le Rey, le Prat, le Breton, la Grasserie, le Favier, la Resclause et la Clauzelle-Basse pour devenir un centre paroissial. Sa population est de 400 âmes. Sa gracieuse église, construite par M. Chapot, architecte du Vigan, est sous le patronage de l'Immaculée-Conception. Depuis son érection en succursale, le service au Cigal est successivement assuré par MM. Brajon, Léonard et Fesquet. Ce dernier est en possession depuis le 27 septembre 1893. Il goûte, dans sa paroisse, des consolations qui ne peuvent que réjouir son cœur.

Les Pauses passent à la succursale du Mazel dont la fondation est faite le même jour que celle du Cigal, par l'intervention de Mgr Guibert, archevêque de Paris. Le Mazel possède une église richement ornée ; elle se dresse sur un terrain donné par M. Gabriel de Bonald.

M. l'abbé Terrisse, ancien vicaire de Saint-André, en est le curé aimé depuis 1867.

Le Mazel a, sous sa juridiction, Ardaillès et Talayrac. Avant 1790, ce dernier hameau forme paroisse. Un prêtre amovible la dessert. — L'église d'Ardaillès est du titre de Saint-Roch ; on y dit la messe chaque année, le premier mardi d'avril, pour la réussite des vers-à-soie et le premier mardi de septembre, on y célèbre la fête de Saint-Roch.

Avec résignation, mais non sans peine, M. Gabalda se sépare et fait le sacrifice d'une partie de son troupeau. Saint-André reste toujours doyenné, avec le Cigal et N.-D. de la Rouvière comme suffragants.

La Rouvière, *Castrum de Pausis*, 1225, *Roveria*, 1381, *Locus Beatæ Mariæ de Roveria*, 1473, (1) est une paroisse essentiellement chrétienne. Sa population est de 820 catholiques et 25 protestants. Elle possède deux écoles diri-

____

(1) **Notariat du Vigan.**

gées par des Frères Maristes et des Religieuses de Besançon. Les armes de cette localité portent d'or à trois chênes de sinople posés 2 et 1. Elle est agréablement située sur un petit mamelon qu'entourent des montagnes, avec une éclaircie du côté de Valleraugue. Son église est surmontée d'un élégant clocher à flèche. La Rouvière a le bonheur d'avoir à sa tête, depuis 1871, un prêtre plein de vertus et de mérite. Sa Grandeur Mgr Béguinot vient de le nommer doyen-honoraire avec la Croix de Notre-Dame.

En 1878, le cimetière de Saint-André subit une transformation. On déplace, pour l'élargissement de la nouvelle route de la Coste, le mur qui la longe et on donne au cimetière les dispositions actuelles.

M. Glas meurt en 1885, après 40 ans d'exercice et de dévouement comme instituteur secrétaire de la commune. Sa mort est un deuil. Toute la population se lève pour payer un tribut d'estime et de regret à celui qui fut le conseiller de quelques-uns, le maître de beaucoup, l'ami de tous.

Poète patois languedocien, sans être né sous le beau ciel de la Provence, M. Glas avait : « le génie de Roumanille et de Mistral. » Modeste autant que savant, ses œuvres qu'il ne veut jamais rendre publiques sont publiées après sa mort par ses amis.

Depuis longtemps M. Gabalda prépare la restauration de son église. M. Duras, devenu curé de Fourques, remplace comme vicaire M. Barral. M. Boudin reste peu. M. Bassaget, actuellement curé de Saint-Martin-de-Valgalgue, prend sa succession. Avec un zèle louable, il seconde le curé dans la réalisation de ses rêves pour son église. On touche au port.

Le 4 octobre 1886, avec les secours du gouvernement, de la fabrique et de la municipalité, présidée par M. Oswald de Lomède, maire, commencent les travaux. M. Nourit, entrepreneur à Montpezat, les exécute, sous la direction de

M. Révoil. On refait complètement l'église, de la première travée jusqu'au sanctuaire inclusivement (1). Avec ses colonnes à chapiteaux élégants, ses arceaux grâcieusement découpés, sa galerie de tribunes, son intérieur présente comme une petite cathédrale. Seule, la façade en granit, avec la tribune et la tour du clocher qu'on a conservé de l'ancienne église, jure. Elle attend qu'on lui donne un air de renouveau qui la mette en harmonie avec le reste du monument et en fasse un édifice roman parfait. A cette époque on dote l'église d'une nouvelle sacristie, d'une chaire et d'un chemin de croix.

Le 10 juin 1888, Mgr Besson arrive à S. André. Sa Grandeur est accompagnée de M. le vicaire-général Gilly et de M. le chanoine de Villeperdrix. Le lendemain, a lieu la consécration de l'église au milieu d'un concours innombrable de fidèles et d'un nombreux clergé parmi

---

(1) Le sanctuaire s'élève sur un terrain offert gratuitement à la commune par M. Guibal de Caladon, ancien magistrat, propriétaire de Clany, bienfaiteur de la paroisse.

lequel les anciens vicaires de la paroisse : Térisse, Duras, Bassaget, Borie, Barral, Doulcier. Après là peine, ils sont à l'honneur.

Au moment où les reliques des saints qui doivent prendre place dans le tombeau du maître-autel arrivent processionnellement sur le seuil de l'église, M. de Lomède, ancien conseiller de préfecture de l'Hérault, maire de Saint-André, adresse à Mgr l'évêque une courte allocution. Il raconte comment, et au prix de quels sacrifices de la commune, des fidèles et du curé surtout, la restauration de l'église a pu s'accomplir. Il remercie Sa Grandeur de la faveur insigne qu'elle daigne accorder à une paroisse fidèle aux vieilles traditions catholiques.

Mgr répond à M. de Lomède, en le félicitant et le remerciant de ses généreuses offrandes qui furent les premiers fonds de l'œuvre. Puis, pour récompenser le curé de Saint-André de son dévouement et de ses sacrifices personnels, Sa

Grandeur daigne nommer M. Gabalda, chanoine honoraire de sa cathédrale (1).

Tout ému de cette distinction, mais toujours modeste, M. le Curé prend alors la parole pour rappeler le souvenir de tous ceux qui ont concouru à ce grand ouvrage, évoquant en particulier la mémoire du cardinal Guibert qui évangélisa cette paroisse aux premiers jours de sa vie d'apôtre et qui, la veille de sa mort, encourageait par ses paroles et ses offrandes, la reconstitution d'une église où sa parole avait produit

(1) Les premiers jours de juin, Mgr Besson reçoit la visite de M. le maire, M. Oswald de Lomède, qui vient, à la veille de la consécration de l'église de Saint-André, lui demander, au nom de la population toute entière, d'accorder, comme suprême récompense de son zèle et de son dévouement, le titre de chanoine honoraire de la Basilique de Nimes, pour M. Gabalda, l'infatigable doyen, qui avait mené à bien, au prix des plus grands sacrifices, l'œuvre de la construction de l'église. Etonné de cette démarche peu commune, le prélat ne voulut pas se prononcer et demanda à M. le Maire de garder le secret le plus absolu. Après en avoir conféré avec MM. Clastron, Gilly et Azaïs, ses vicaires-généraux, il résolut de faire cette nomination au moment même de la consécration de la nouvelle église, pour témoigner de sa satisfaction et de sa joie.

tant de bien. Comme M. de Lomède, M. Gabalda décerne les plus sincères éloges à notre illustre et dévoué architecte diocésain, M. Révoil, qui a mis à ce travail de restauration toutes les ressources d'un génie dont on ne compte plus les chefs-d'œuvre.

La cérémonie de la consécration est suivie de la messe chantée par M. l'abbé Etienne, curé-doyen de Sumène, aujourd'hui archiprêtre de Beaucaire.

Le soir, à la suite des vêpres, Mgr l'Evêque félicite de nouveau tous ceux qui ont concouru à l'œuvre de la restauration et signale la brillante couronne que forment à l'Eglise de Nimes les nombreux sanctuaires qui, chaque jour, sortent de leurs ruines.

Entre les deux offices, M. le Maire, qui a donné l'hospitalité à l'évêque et à sa suite, réunit à sa table tous ceux qui ont pris part à la cérémonie et remercie Sa Grandeur de la faveur insigne accordée à son digne curé. Le diocèse tout entier, prêtres et fidèles, s'associera de cœur à ces remerciements.

Cette même année, M. Martin succède comme vicaire à M. Doulcier.

Pendant six ans, le doyen jouit de son œuvre. Elle reste comme le souvenir de ses bienfaits et de son dévouement. Vingt-huit ans passés dans sa chère paroisse lui méritent la récompense. Son vicaire, M. Bestaux, nouvellement nommé, lui ferme les yeux. M. Gabalda s'endort du sommeil des justes.

M. l'abbé Garlenq, curé de Lanuéjols, reçoit sa succession, le 9 juin 1895.(1) L'année suivante, ont lieu les exercices du Jubilé national. Pendant huit jours, M. l'abbé Ulliel, curé de Moulezan, aujourd'hui curé de Portes, avec des accents

_____

(1) Garlenq Etienne Jean Victor, né le 29 décembre 1839 à Alzon, Prêtre le 21 mai 1864. Professeur au Petit Séminaire de Beaucaire, le 1er octobre 1863. Vicaire à Saint-Gilles, le 1er janvier 1865, chapelain à Nages le 1er octobre 1869 ; succursaliste à Lanuéjols, le 25 décembre 1875. Curé-doyen de Saint-André de Majencoules, le 1er mai 1895. Curé archiprêtre du Vigan, le 1er février 1898, chanoine honoraire, le 7 juillet 1893.

apostoliques et pieux prépare les fidèles aux joies du couronnement de ce temps de grâces. Ils viennent en foule l'entendre.

Le jour de la clôture, on érige, sur la façade de l'église, la statue de la Vierge achetée par le vénéré M. Dumazeit, avec les aumônes de la paroisse. Elle attendait depuis 30 ans les honneurs et les hommages qu'on lui décerne.

Le dévoué doyen fait exécuter dans le chœur et les chapelles, par M. Beaufort, de Nimes, des peintures d'une élégance et d'un fini irréprochables. Les murs extérieurs de l'église, la tour du clocher reçoivent un revêtement de sable et de ciment.

L'action du curé se porte en même temps du côté des congrégations. Il les réorganise et les développe ; le chant est l'objet de son zèle. Le chœur des filles et des hommes soutient sa vieille réputation. Aujourd'hui encore, grâce à une habile direction (1) il met la **vie** et l'entrain dans la paroisse.(2)

Le mercredi 19 mai, la paroisse de Saint-André-de-Majencoules reçoit la première visite de Mgr Béguinot. M. le vicaire général de Ville-perdrix accompagne Sa Grandeur. En cette circonstance, Saint-André est paré comme aux grands jours de fête. Le clocher de l'église est pavoisé, la cure et les maisons voisines sont ornées de vertes guirlandes; des guirlandes aussi et des fleurs, le long de la route que doit suivre Monseigneur ; un arc de triomphe se dresse à l'entrée de la paroisse. Toute la po-

---

(1) Madame la Marquise Claire de Lomède.

(2) *Choristes*. — Mlles Mignot Léonie. Colombel Isabelle. Colombel Charlotte. Abric Amélie. Marquez Juliette. Triaire Anna. Abric Marie. Abric Maria. Carrière Eugénie. Fidière Marie. Pibarot Joséphine. Trial Marie. Recolin Maria, Pibarot Marie. Rouan Célestine. Flavier Marie. Accariès Juliette. Brun Henricie, Rouger Rosa. Brun Marie.

Chantres. — MM. Valette Joseph. Sarran Firmin. Rouger Oswald. Triaire Henri. Ducros Charles. Sarran Omer. Pibarot Auguste. Pibarot Joseph. Hérand Philippe. Pibarot Eugène. Fesquet Jean. Pibarot Louis. Valette Achile.

pulation s'est portée au-devant de son Evêque. Il arrive du côté de Sumène. Là aussi M. le maire, M. l'adjoint, revêtus de leurs insignes, les membres de la municipalité et MM. les fabriciens. En termes très fins, très chrétiens, M. le maire Léonce Metge harangue Sa Grandeur. Après une délicate allusion à M. le marquis de Lomède, son prédécesseur, si aimé par tous ses concitoyens, il rappelle en peu de mots les souvenirs religieux de Saint-André. Il dit ce que furent, pendant les siècles passés et au milieu des tourmentes civiles et religieuses, les ancêtres de la population qui se groupe à cette heure autour de son évêque. Il affirme la persistance inébranlable des convictions religieuses dans la paroisse et assure le premier pasteur du diocèse, de l'affection et du respect filial du peuple qui l'acclame en ce moment. Monseigneur remercie M. le maire de l'expression éloquente de pareils sentiments. Rien ne saurait être plus doux à l'évêque de Nimes, visitant

pour la première fois son cher troupeau cévenol,
que de rencontrer, à chaque pas, les témoigna-
ges de l'attachement de ce peuple à la foi chrétienne. Il en remercie le Seigneur et forme des
vœux pour que cette union si intime entre les
fidèles et l'église, représentée par l'Evêque, se
resserre de plus en plus. Le cortège se remet en
marche vers l'Eglise, sur le seuil de laquelle Monseigneur est reçu par M. le doyen de Saint-André auprès duquel se tiennent les membres du
clergé. Parmi ces prêtres, on remarque M. le
chanoine Ferry, curé de Saint-Paul, de Nimes,
et M. l'archiprêtre de Beaucaire. M. le doyen
rappelle, lui aussi, les traditions de sa chère
église, la fidélité si louable des habitants de la
Terre-Blanche à la religion catholique, la mission prêchée par Mgr Guibert à Saint-André,
dont une croix conserve la mémoire, les vertus
et l'apostolat d'un enfant de la contrée, le R. P.
Jean, mort à Font-Froide en odeur de sainteté,
le dévouement de ses prédécesseurs qui ont

construit la belle église dont Monseigneur va prendre possession. Tels sont les souvenirs rappelés à grands traits par M. le doyen. Monseigneur les commente dans sa réponse. Il y voit une preuve que les hauteurs semblent prédestinées par Dieu à nourrir les vertus d'un air plus pur, et à les conserver plus vivaces et plus fécondes. Il loue le zèle des pasteurs et la piété généreuse des fidèles et se félicite de ce que, dans cette catholique paroisse, les uns et les autres travaillent aussi efficacement au maintien de la foi. Les cérémonies rituelles prescrites par l'Eglise suivent ensuite leur cours. Monseigneur prend place à son trône et assiste à la bénédiction solennelle du Saint-Sacrement. Le lendemain, à neuf heures, a lieu la cérémonie de la confirmation, à laquelle prennent part les paroisses de N.-D. de la Rouvière et du Cigal. La messe est célébrée par M. l'archiprêtre de Beaucaire, en présence de Monseigneur. Pendant ce temps, le chœur paroissial nous donne d'excellente musique et fait, par son chant, le plus grand honneur à M. le doyen. L'interrogation des enfants suit la sainte messe ; l'instruction catéchistique sur la confirmation est donnée par M. Fesquet, curé du Cigal. Avec une grande autorité de langage, le prédicateur recommande aux confirmants de se souvenir toujours qu'ils doivent, dans la suite de leur vie, rendre témoignage de leur foi dans leur famille, dans leur paroisse, dans toutes les contrées, dans toutes les sociétés où ils pourront se rencontrer. Puis, les confirmants, un par un, conduits par leur parrain ou leur marraine, viennent s'agenouiller devant Monseigneur et recevoir de ses mains vénérées, le chrême du salut. Cette pieuse cérémonie achevée, Monseigneur monte en chaire. Dans une admirable exhortation, il conjure les fidèles de rester unis à l'Eglise, épouse tendrement aimée de Jésus-Christ. Il décrit les caractères de cette obéissance qui fait le bonheur et la vraie joie de l'homme ici-bas, sa gloire dans l'éternité. La bénédiction papale clôture cette cérémonie, marquée de l'empressement d'une vraie piété et du recueillement édifiant de toute l'assemblée.

De retour au presbytère, Monseigneur reçoit la visite de M. le maire, de son conseil et des notabilités de la contrée. Avant son départ, il a la surprise d'un très gracieux compliment en vers et d'une poétique cantate chantée par le chœur distingué des choristes.

L'heure du départ vient. Monseigneur, après avoir encore une fois béni, avec une tendresse toute paternelle, ce bon peuple qui s'attache à lui et ne le laisse partir qu'à regret, remonte dans sa voiture toute couverte de fleurs. Les acclamations s'élèvent ; la cloche se met en branle et c'est au milieu de ces démonstrations si touchantes d'affection filiale que Monseigneur, allant à d'autres ovations, quitte la paroisse de Saint-André, heureuse de l'avoir possédé pendant les quelques heures qui lui ont

— 8₄ —

permis de le voir, de le connaitre et de l'aimer (1).

Le 25 septembre 1892, le bon Dieu a rappellé à lui François Hérand, du Villaret. Sur son lit de mort, ce chrétien prie sa nièce Adélaïde d'offrir en son nom à l'église de Saint-André un souvenir qu'il désigne. Quelques jours après la visite épiscopale, un ostensoir d'une grande richesse enrichit le trésor de l'église. Il reste comme le monument de la piété de ce cœur vaillant et généreux.

M. le curé Garlenq est nommé archiprêtre du Vigan avec le titre de chanoine. M. le chanoine Lamoureux (1) curé de la Calmette, lui

(1) Nous devons, concernant cette période, certains détails, pleins d'intérêts, à l'obligeance de Mgr de Villeperdrix, protonotaire-apostolique, vicaire général de Mgr l'Evêque de Nimes. Nous le prions d'agréer ici nos remerclments.

(1) Lamoureux Jean-Honoré, né le 22 décembre 1843, à Bezouce, ordonné prêtre le 30 mai 1867, vicaire à Saint-Paul de Beaucaire, le 1er juillet 1867. Succursaliste à Saint-Geniès de Malgoirès, le 1er septembre 1872. Succursaliste à la Calmette, le 1er mars 1881. — Chanoine de Jérusalem et du Saint-Sépulcre, le 10 septembre 1889. Curé-doyen de Saint-André de Majencoules, le 18 mais 1898.

succède. Son installation a lieu le 23 avril 1898. M. le chanoine Bonnefoi, supérieur du Collège de l'Immaculée - Conception de Sommières, la préside. M. le maire, le secrétaire du conseil de fabrique souhaitent la bienvenue à leur nouveau doyen. Le vicaire, M. Bonnaud, le harangue, à l'entrée de l'église. Quelques mois après, M. Bonnaud est remplacé par M. l'abbé Richard, professeur au Petit-Séminaire de Beaucaire.

Depuis lors, le clocher s'est enrichi de trois cloches. Richement parées, entourées de leurs parrains : MM. le marquis Oswald de Lomède, M. le chanoine Frutière Emmanuel, Barral Séverin, de leurs marraines : Mlles la baronne Marie de Cabiron, Adélaïde Hérand, Marie Léonard, leur bénédiction est faite au milieu d'une grande affluence, dans laquelle on remarque une délégation de La Calmette, le dimanche 3 septembre 1899, par M. le chanoine Garlenq, archiprêtre du Vigan, délégué de Mgr l'Evêque de Nimes, assisté d'un nombreux clergé (1).

Maintenant, leurs joyeux carillons qui retentissent au sommet des montagnes et résonnent dans la profondeur des vallons, comme la voix de Dieu, remuent les cœurs. Ils appellent la religieuse population de Saint-André qui accourt, de tous les hameaux, à l'église, avec un empressement qui n'a d'égal que son grand esprit de foi et sa constante fidélité.

Le mois littéraire et pittoresque des RR. PP. Augustins de l'Assomption, dans son numéro de janvier 1900, sous le pseudonyme de Max Colom-

(1) MM. le chanoine Bonnefoi, supérieur du collège de l'Immaculée-Conception de Sommières ; chanoine Bassaget, l'orateur de la fête ; Glas, prêtre retiré, enfant de Saint-André ; Crillon, curé-doyen d'Aramon ; Bavarel, doyen de Cassis, nommé depuis à Sainte-Anne. de Marseille ; Defferre, doyen honoraire, professeur à Saint-Stanislas ; Bonnardel, curé de Saint-Martin-de-Crau ; Moulery, curé de Saint-Victor-de-Malcap ; Julian, curé de Bezouce ; Béchard, professeur au Petit Séminaire de Beaucaire ; Fesquet, curé du Cigal ; Boyer, curé de Belvézet ; Richard, vicaire de Saint-André, ainsi que le fondeur des cloches, M. Baudouin. de Marseille.

ban, rappelle dans une nouvelle à la note gaie intitulée : « Baptême des cloches », le souvenir et les impressions rapportées de cette cérémonie, grandiose et inoubliable.

Le 22 avril 1900, dimanche de Quasimodo, l'ancienne cloche nouvellement refondue par M. Baudouin, de Marseille, reçoit la consécration de l'Église, au milieu d'un concours inaccoutumé de fidèles (1). Son parrain est M. le chanoine A. Serre, de Nimes, et sa marraine, Mlle Ernestine Gouvernet, de Margueritte. M. le curé-doyen qui est spécialement délégué par Monseigneur, préside la cérémonie et en est le prédicateur. Installée au clocher, le lendemain, cette cloche complète le carillon dont la sonnerie est des plus harmonieuses. Il sonne pour la première fois le jour de la première communion, qui a lieu le dimanche 29 avril.

Vingt jours après, le bien-aimé Evêque de

---

(1) Le poids de cette cloche est de 600 k.

Nimes, Mgr Béguinot, arrive à Saint-André ; son secrétaire, M. le chanoine Arnal du Curel, l'accompagne. Sa Grandeur est reçue au milieu de démonstrations de joie, d'enthousiasme ex-traordinaire.

A l'entrée du pays, sous un arc-de-triomphe richement orné, M. Léonce Metge, maire, souhaite la bienvenue à Sa Grandeur. En même temps s'organise la procession. Les petites filles de l'école des Sœurs et les Enfants de Marie y assistent en blanc ; les associés du Saint-Sacre-ment avec le ruban violet.

M. le chanoine Garlenq, archiprêtre du Vi-gan et M. l'abbé Fesquet assistent Sa Grandeur. Jamais cérémonie plus imposante et mieux comprise : affluence, chants, cantate, recueille-ment. Rien ne manque pour prouver au vail-lant Evêque qu'à Saint-André tous les cœurs sont à lui et que la Terre Blanche ne change pas.

Au son des cloches qui lancent au loin et font retentir les vallées et les montagnes de leurs joyeux appels, la procession, à travers une double haie de guirlandes et de fleurs, s'avance vers l'église.

Monsieur le Doyen monte en chaire pour complimenter Sa Grandeur. Monseigneur lui répond avec cette délicatesse et ce tact dont il est coutumier. La bénédiction du Très-Saint-Sacrement termine cette première cérémonie.

Le lendemain Monseigneur dit la sainte messe à 7 heures. Le chœur des hommes et des filles donne les plus beaux morceaux de son répertoire.

A 10 heures a lieu la confirmation des enfants de Saint-André et du Cigal. M. l'abbé Béchard, professeur au Petit-Séminaire de Beaucaire célèbre la messe.

Après la Confirmation, Monseigneur visite l'école libre des filles ; on fait à Sa Grandeur le plus charmant accueil. A une heure Monseigneur est reçu par la famille de Lomède. Sa

Grandeur s'intéresse vivement au sort de leur fille Marie Thérèse depuis longtemps souffrante. Elle bénit cette enfant avec toute l'effusion de son âme.

L'heure du départ sonne. Toute la population est debout pour saluer Sa Grandeur, les salves d'artillerie retentissent. Comme pendant toute la journée, les choristes sont à leur poste d'honneur, elles font entendre un dernier chant d'adieu et de regret.

Monseigneur quitte à 2 heures Saint-André au milieu des vivats et des démonstrations délirantes.

Tandis que Sa Grandeur disparaissant à nos yeux descend par le lacet au Pont de Peyregrosse pour visiter la famille Carrière et recevoir les hommages des jeunes orphelines, les échos à Saint-André répètent son nom béni et les cloches, qui convient les fidèles à vèpres annoncent la fin d'une fête dont le souvenir ne s'effacera jamais de nos cœurs.

CHAPITRE VI

Les écoles. — Les sœurs de Besançon à Saint-André, au Pont de
Peyregrosse. — Climat de Saint-André. — Projet de route de
Saint-André à Pont-d'Hérault par la montagne, ses avantages. —
Comment on arrive à Saint-André. — Magnifique panorama. —
Fidélité des habitants. — Le bureau de postes et télégraphe. —
Liste des maires depuis 1690. — Conseil actuel. — Membres du
Bureau de Bienfaisance. — Noms des religieux et religieuses
dans la paroisse. — Prêtres originaires de Saint-André : Portal,
Glas, Ribard, Léonard-Emile, R. P. Jean, abbé mitré de
Fontfroide.

Les écoles de Saint-André sont prospères.
Celle des garçons est dirigée par deux instituteurs. Celle des filles par trois religieuses de Besançon qui se dévouent à cette œuvre depuis plus
de trente ans. Laïcisée, le 1ᵉʳ octobre 1898, cette
école donne les plus consolants résultats.

Trois religieuses du même ordre ont, au Pont de Peyregrosse, la direction d'une cinquantaine d'orphelines qui travaillent aux filatures.

Affables, doux, bons, pieux sont les habitants de Saint-André, dont le séjour, hiver et été, est agréable. En hiver, le froid n'est pas trop rigoureux, la neige ne fait que de rares et courtes apparitions. L'été, la chaleur est supportable. Les nuits sont fraîches. Le climat donne l'illusion de celui de Nice et des villes du littoral méditerranéen.

Si l'accès de Saint-André était plus facile, les étrangers y viendraient en villégiature, tant l'air qu'on y respire est pur et réparateur. Les épidémies y sont à peu près inconnues. Dans l'intérêt du pays, nous appelons de nos vœux la construction d'une route directe de Saint André à la gare de Pont-d'Hérault, par la montagne. Tout le monde y gagnerait. Une fois faite, si d'ici là le tramway de Valleraugue à Pont-d'Hérault en projet n'a pas reçu d'exécution, y trouverait une installation facile et une garantie contre les dangers que peuvent faire naître, sur la route du bas, les voitures et les troupeaux. Sans compter que la dépense serait moindre.

Aujourd'hui, le service de la gare de Pont-d'Hérault est fait à tous les trains par le courrier de Valleraugue. Il dessert, en même temps, la commune de Saint-André et son bureau de poste. La route est belle. Elle suit les sinuosités de la rivière de l'Hérault, se déroule à travers un fertile vallon qu'encadrent des collines verdoyantes et boisées. De chaque côté de la rive, au milieu du gazon et de jardins, on voit des quantités de pommiers et toutes sortes d'arbres à fruit.

En une demi-heure, on se rend de la gare à Clany ou au Pont de Peyregrosse, les deux stations de Saint-André. Un petit quart d'heure suffit aux vaillants pour faire à pied l'ascension. Les voitures montent par le chemin à lacet de Peyregrosse ou par la rampe de Clany. Il est préférable qu'elles suivent la nouvelle route qui part du Mazel, mais elle est plus longue.

De quelque côté qu'on arrive, la course est pénible pour le piéton, surtout en été. Une fois le sommet atteint, on est dédommagé par le panorama ; avec satisfaction on s'arrête pour contempler les sites.

A l'est, la colline de Peyregrosse, avec son rocher noir. Sur son versant, au midi, semblent jetées ses maisons distancées les unes des autres et toutes invariablement entourées de leur domaine.

Au sud le riche vallon qui descend vers Clany, sillonné par le ruisseau de Saint-André, dont les eaux portent la fécondité dans ce milieu. La colline de Montredon, à forme conique, toute plantée de vignes, d'oliviers, de mûriers. A ses pieds, l'élégante villa Amaryllis, propriété de M. Sahuquet. Au loin, les mas de l'Abric et de Sarrebruk.

Au nord, les Suels perché comme un nid

d'aigles, dans un milieu fertile et poétique, à l'abri du vent, dans un climat tempéré qui fait rêver du pays des orangers. Plus loin, les Gravettes, enchâssées dans un bosquet ruisselant d'eau, et clairsemé d'arbres, de gazon et de fleurs. Puis, comme un long ruban, se déroule le hameau de la Coste. (1) Comme du haut d'un phare, on voit : Les Pauses, N.-D. de la Rouvière avec son église et son clocher à flèche, Ardaillès, les collines qui encadrent le nid charmant de la Vielle, la route de Valleraugue et les campagnes qui la bordent, le Pont de Peyregrosse, avec ses filatures qui font la ri-

(1) La Coste est le lieu d'origine du capitaine Joseph Triaire. Né en 1843, engagé volontaire à 18 ans, il conquiert peu à peu les grades inférieurs. Adjudant, quand éclate la guerre de 1870, il sert dans l'armée de la Loire. A la bataille du Mans, il se fait remarquer par sa belle conduite. Bravant tout danger, au plus fort de la mêlée, sous une pluie de balles et de mitrailles il traverse les lignes ennemies pour communiquer un ordre de ses chefs. Tant de bravoure lui mérite l'honneur d'être porté à l'ordre du jour. Bientôt après il reçoit la croix de la Légion d'honneur et les galons de capitaine. Il tient tour à tour garnison à Ivry, à Guingamp et meurt, en 1892, capitaine trésorier du 75e de ligne à Romans.

chesse du pays. Tout près, le Cambon, le Lebrat, le Villaret. Plus loin les montagnes de Saint-Martial avec Coulisses, le Pèse, la Molière et Savelous. A côté, la riante vallée du Rieu où trône Valbonne illustré par la naissance du T. R. P. Marie Jean, abbé mitré de Fontfroide· Enfin le pic Liron, La Fage, quelquefois recouverts d'un manteau de neige, le col de Lasclier, d'où l'on jouit d'un superbe point de vue.

A l'ouest, une chaîne de montagnes, derrière laquelle, dans la direction de Mandagout, se cachent les hameaux de Camias et de la Rouviè-rette. (1) Elle commence à St-Hippolyte-du-Fort et se poursuit jusqu'à l'Aigoual, Elle com-

(1) Du sommet où trône la Rouvièretté on jouit d'un superbe point de vue. Les montagnes de la Lusette qui la dominent avec leur nature agreste ne manquent pas de grandeur sauvage. Aux pieds de ce hameau, dans un site sévère, s'étendent Camias sillonné par un cours d'eau abondant et le village de Darbous imposant par ses maisons. A droite, Mandagout s'annonce par son clocher. En face dans le lointain, à travers une éclaircie sur la vallée du Rey, on voit le chateau de Beauregard, propriété de M. Teulon-Valio et celui de M. Cazulis de Fontdouce. Ils se dressent majestueusement entourés de prairies, de bois, de jardins, de fleurs, de quantité d'arbres à fruits.

prend les monts Camp de Goulard et Montefru qui forment à Saint-André un rempart contre les intempéries des saisons et les vents du Nord.

Ces rochers, ces arbres, ces collines, ces montagnes qui couronnent St-André donnent à ce centre un aspect de poésie et d'agrément qui fait qu'on s'y trouve bien une fois qu'on y est.

Saint-André possède un bureau de poste et de télégraphe. (1) Les traditions de foi, de religion de la Terre Blanche s'y perpétuent et son peuple reste toujours un des plus religieux des Cévennes Saint-André a la gloire d'avoir donné le jour à un zouave pontifical ; (2) il doit sa fidélité et sa persévérance à des éléments divers qui sont pour lui un bienfait de la Providence.

Saint-André a toujours eu le bonheur d'avoir à sa tête de sages administrateurs. Les maires connus depuis l'année 1690 sont : MM. Puech, Capitoul, Triaire, Durand, Nougarède, Calvas,

---

(1) La directrice est Mme Portalez Noémie. — Facteurs MM. Pontier Louis et Bourrié Paulin.
(2) M. Puech.

Delpuech, de Sauzet, Delpuech, M. de Lomède, Durand Jean Pierre, Durand Adolphe, M. de Lomède, Sarran Firmin, Sarran Emile, M. de Lomède, Portalez Auguste, O. de Lomède, Rouger Pierre, O. de Lomède, Metge Léonce.

L'administration actuelle comprend MM. Metge Léonce, maire ; d'Arnal Dieudonné, adjoint ; conseillers municipaux : MM. Rouger Pierre, O. de Lomède, de Saint-André, Daudé François, des Pauses, Sarran Firmin, de la Coste, Dides Jules de la Vielle, Portalez Grégoire, Faison Henri, Léonard Prosper, de Peyregrosse, Hérand Léon, du Villaret, Teulon-Valio, de Beauregard, Fabre Félix, de la Rouvièrette, Coulon Charles, Domergue Félix, Metge Gratien, du Cigal ; secrétaire de la mairie, M. Glas Edouard; receveur buraliste, M. Triaire Etienne ; garde champêtre, M. Puech Isidore ; appariteur, Pibarot Louis; instituteurs, MM. Bonnet Almir et Azémat Arthur.

Le Bureau de Bienfaisance est administré par MM. Léonce Metge, maire, président ; Sarran

Firmin, des Gravettes ; Portalez Jules, des Pauses ; Faison Henri, de Peyregrosse ; Salles Pierre ; Coulon Charles, du Cigal, et Lamoureux Jean, ordonnateur.

Les Sarrut, les Puech, les d'Arnal, les Glas, les de Lomède, les Daudé, les Portalez honorent Saint-André dans la magistrature, l'armée et les carrières libérales.

Plus de 30 vocations religieuses ont germé sur son sol béni. Nous citons les noms au hasard :

Récollet. — Dides Alexandre, de la Vielle.

Frère Mariste. — Boisson Louis, du Rieu.

Religieuses de la Charité de Besançon. — Gervais Marie, de Saint-André ; Vivens Maria, de la Clauselle ; Roussel Louise, du Serret.

Filles de la Charité. — Roques Elisa, de la Coste ; Dides Marie, de la Vielle ; Ménard Victorine, du Villaret ; Rouan Maria, du Lebrat.

Religieuses de S. Joseph des Vans. — Flavier Delphine, Rouger Mélanie, Sahuquet Virginie, Mignot Philomène, de Saint-André ; Abric Anastasie, Abric Rose, Abric Elise, Abric Sarah, de Camias.

Dominicaines. — Sarran Philippine, de la Coste ; Caisergues Augusta, du Moulin des Pauses.

Religieuses de la Présentation du Bourg-Saint-Andéol. — Roussel Lucie, Roussel Marie, de Valbonne.

Petites Sœurs des Pauvres. — Pibarot Marie, de Saint-André ; Boisson Rosalie, du Devès.

Dames de Nevers. — Barral Marie, de Peyregrosse ; Sarran Valérie, du Villaret.

Franciscaines. — Vignal Virginie, Faison Maria, de Peyregrosse ; Fesquet Marie, du Villaret ; Boisson Maria, de Saint-André ; Granier Joséphine, de la Grasserie.

Sainte Famille. — Bosc Hortense, de Saint-André ; Portalez Rosalie, de Salessous ; Puech Philomène, de Valbonne ; Léonard Philippine, des Suels ; Valette Marie, de Camias.

Dames Noires de Saint-Maur. — Fesquet Marie, Daussat Marie, de Saint-André.

Riche aussi la couronne des prêtres originaires de Saint-André, sans rappeller MM. Ricard et Portalez. Ce sont : MM. Marquez, Portal, Glas, Ribard, Léonard Emile et le T. R. P. abbé Marie-Jean, dans le monde Léonard Louis. La source n'en est pas tarie. M. l'abbé Joseph Valette se prépare, dans la retraite du Grand Séminaire, de Nimes, pour grossir cette glorieuse phalange. MM. les abbés Portal et Glas, après un long et fécond ministère, vivent retirés à Laudun et à Saint-André. Ils jouissent d'un repos mérité et goûtent, entourés de respect et de sympathie, les douceurs d'une belle vieillesse. Les autres, tombés au champ d'honneur, reçoivent au Ciel la récompense de leur dévouement et de leur vertu.

M. Marquez, curé-doyen d'Alzon, repose en paix depuis 1862.

M. Ribard s'éteint au Vigan en 1880. Ses funérailles sont un triomphe. Son successeur, M. le chanoine Bassaget, fait son éloge funèbre.

A un âge où l'avenir lui sourit, M. l'abbé Léonard Emile, ancien curé du Cigal, s'endort dans le Seigneur, au sein de sa famille, en 1893.

Comme son neveu, le T. R. P. abbé mitré Marie-Jean, dans le monde Louis Léonard, n'est pas épargné. Il meurt le 11 novembre 1895 dans son couvent de Fontfroide, en odeur de sainteté.

Depuis lors, la grande voix de la multitude se lève comme aux jours de foi pour demander à l'Eglise qu'elle instruise le procès d'une vie si merveilleuse. Son tombeau est le but d'un pèlerinage suivi. Ses restes sacrés qu'on vénère comme des reliques ont déjà obtenu des grâces intimes et éclatantes. Le temps nous paraît proche où Saint-André pourra se glorifier d'avoir donné un saint à l'Eglise. Vienne ce jour, nous l'appelons de tous nos vœux. Comme pendant sa vie, l'âme du T. R. P. Marie-Jean, du haut du Ciel, sera pour la paroisse une lumière, une force, une protection et un honneur. Dans cette espérance, nous déposons à ses pieds notre modeste travail.

NIMES. — IMPRIMERIE DUCROS COUSINS

www.ingramcontent.com/pod-product-compliance
Ingram Content Group UK Ltd.
Pitfield, Milton Keynes, MK11 3LW, UK
UKHW022100070726
13613UKWH00002B/877

9 782019 964368